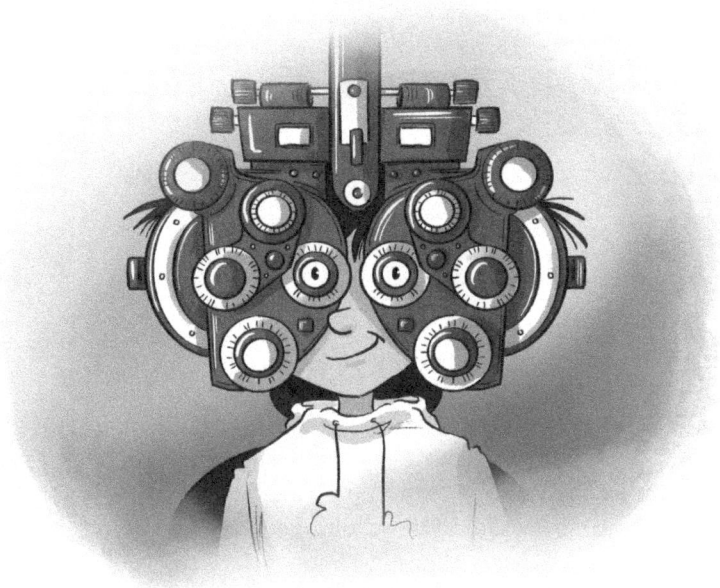

Originalausgabe
1. Auflage 2025
© Atrium Verlag AG, Imprint WooW Books,
Zürich 2025
Alle Rechte vorbehalten.
Der Verlag untersagt ohne ausdrückliche schriftliche
Zustimmung die Nutzung dieses Werkes im Sinne
des §44b UrhG für das Text- und Data-Mining.
© Text: Christine Werner
Wir danken *rights & audio*
Literarische Agentur Charlotte Larat
für die Vermittlung dieses Projekts.
© Illustrationen: Toni Hamm
Satz: Dörlemann Satz, Lemförde
Druck und Bindung: GGP Media GmbH, Pößneck
ISBN 978-3-03967-014-7

GPSR (General Product Safety Regulation)-Kontakt: W1-Verlage GmbH,
Semperstrasse 24, 22303 Hamburg, gpsr@w1-verlage.de

www.woow-books.de

 Folgt uns auf Instagram unter
@woowbooks_verlag

CHRISTINE WERNER

Hilfe, die welt hat ein L⬡ch!

Mit Illustrationen
von Toni Hamm

WooW
BOOKS

1 Die ganze Nordsee ist weg

Die ganze Nordsee ist weg. Ein Teil von Schleswig-Holstein auch. Und der Rand von Dänemark! Ich schiebe die Brille auf meiner Nase ein Stück höher und gehe nah an die große Weltkarte an meiner Zimmerwand heran. Ich starre auf die Nordsee, die aber gar nicht mehr da ist, denn die Welt hat an der Stelle ein Loch. Das gibt's doch nicht! Stimmt was mit meinen Augen nicht? Ich kneife sie abwechselnd zusammen. Rechtes Auge, linkes Auge. Doch das Loch ist immer noch da. Wo einmal das Meer war, kann ich jetzt in Omas Zimmer gucken. Sie steht vor ihrer Kommode und tastet mit beiden Händen darauf herum.

Wahrscheinlich sucht sie mal wieder ihre Brille. Das kommt öfters vor. Dass ich ihr dabei durch die Wand zusehen kann, ist aber neu. Ich sollte mal wieder beim Optiker Schmidt vorbei:

Spontane Augenprobleme, Herr Schmidt.
Ich kann durch die Welt durchgucken.
Den Fall hatten Sie noch nicht? Hm.

Ich starre weiter die Weltkarte an. Wie kommt das Loch da rein? Um sicherzugehen, dass ich keine plötzliche Halluzination habe, mache ich zwei, drei Schritte auf die Karte zu und schiebe vorsichtig meinen rechten Zeigefinger vor. Was passiert, wenn mein Finger an der Karte ankommt? Kann ich ihn durch das Loch in Omas Zimmer schieben? Meine Fingerspitze kommt dem Loch näher und näher, noch vier Zentimeter, noch drei, noch zwei ... Da dringen Schallwellen an mein Ohr:
»Baldur, Oma! Das Abendessen ist fertig!«
Vor Schreck fahre ich zusammen, mein Zeigefinger schnellt auf die Karte zu – »Autsch!« – und knickt genau auf Amrum um. Also da, wo die Insel Amrum mal war. Ich halte meinen pochenden Finger fest.

Wenn der jetzt gebrochen ist, kann ich nach den
Ferien sagen: »Ich hab mir den Finger auf Amrum
gebrochen!« Dann denken alle, wir hätten dort Urlaub
gemacht, und merken nicht, dass wir in den
Sommerferien nicht weg waren. Aber warum knickt
mein Finger um, wenn da ein Loch ist? Ich kapier es
nicht. Während ich über Amrum und meinen Finger
nachdenke, sehe ich Oma zu ihrer Zimmertür gehen.
Sie will nach unten gehen, weil Mama zum Abendessen
gerufen hat.

Aber – oh, oh! Sie sieht nicht, dass das Kabel ihrer Stehlampe quer über dem Boden liegt. Sie stolpert bestimmt gleich über das Kabel, die Stehlampe fällt auf Oma, Oma fällt gegen die Tür, schlägt sich den Kopf auf, Mama macht einen Notfall daraus, ruft im Krankenhaus an, in dem sie eine Station leitet, und bestellt einen Rettungswagen ...

»Oma, pass auf!«, rufe ich durch das Loch. Sie hört mich aber nicht. Und jetzt? Soll ich laut über den Flur rufen? Soll ich sie auf dem Handy anrufen? Soll ich schnell zu ihr ins Zimmer laufen und das Kabel wegziehen? Womöglich stolpert sie dann aber erst recht, weil sie sich erschrickt, wenn ich so plötzlich vor ihr stehe. Oh Mann! Immer diese Entscheidungen. Ich will gerade noch einmal rufen, da macht Oma zwei Schritte zur Seite und geht am Kabel und der Lampe vorbei. Boah, das war knapp. Ich atme tief durch, gehe zwei Schritte von der Wand weg und nehme vorsichtig Opas Brille ab. Was passiert hier? Wie, warum, weshalb in aller Welt kann ich durch die Welt in Omas Zimmer gucken?

Ich habe Opas Brille am Nachmittag auf dem Dachboden entdeckt. Eigentlich darf ich da gar nicht hin. *Betreten verboten*, sagt Mama immer und guckt dann extra streng. Manchmal vergisst sie, dass ich zehndreiviertel bin und mit meiner Umgebung rücksichtsvoll umgehen kann. Sie befürchtet, dass ich auf dem Dachboden das ganze alte Zeug durcheinanderbringe: altes Geschirr, alte Bücher, alte

Lampen – und Omas Erinnerungen an Opa. Seit Opa vor einem Jahr gestorben ist, wohnen Oma und ihre Erinnerungen bei uns. Ich bringe auf dem Dachboden natürlich nichts durcheinander, er ist nur einfach das perfekte Sammelgebiet für Material für meine geheime Staubsammlung. Okay, vielleicht haltet ihr eine Staubsammlung für total öde oder staubtrocken (haha) – ist sie aber nicht! Es verbergen sich Welten darin! Außerdem hat meine Sammlung etwas mit meiner Freundin Jo zu tun. Jedenfalls musste ich mich dringend mal wieder darum kümmern – und die Gelegenheit war heute Nachmittag günstig. Wir haben Sommerferien, Mama und Papa waren arbeiten und Oma im Einkaufszentrum bei ihrem Friseur. Der dreht ihr jeden Montag große Locken auf den Kopf, damit sie dienstags beim Kaffeekränzchen mit ihren Freundinnen »top gestylt« ist. »Top gestylt« sage nicht ich. Das sagt Oma, seit sie ihr Englisch in einem Onlinekurs verbessert. Oma sagt, sie »frischt es auf«. Das Haus war also leer, es war ein perfekter Nachmittag.

Ich holte zwei leere Sammeldosen aus meiner Schreibtischschublade und stieg die Treppe zum Dachboden hoch. Sobald ich die Tür aufschob, wirbelte mir auch schon eine große, flauschige Staubfluse vor die Füße. *Super*, dachte ich und packte Probe eins in eine Dose. Dann entdeckte ich noch ein kleines, festes Staubknäuel an Opas Mantel, der an einem Nagel am ersten Dachbalken hängt. Ich freute mich über die seltene Form des kleinen Knäuels, und als ich es gerade von der Manteltasche zupfen wollte, sah ich in einem Sonnenstrahl etwas aufblitzen. Es war Opas alte Brille! Sie steckte einfach so in der Manteltasche. Mit den runden Gläsern und dem schmalen silbernen Rand sah sie fast genauso aus wie meine. Vielleicht könnte ich sie als Ersatzbrille nutzen, dachte ich. Und so packte ich nicht nur die kleine Staubprobe in die zweite Dose, sondern schob auch die Brille vorsichtig in die Bauchtasche meines Kapuzenpullis. Zurück in meinem Zimmer setzte ich Opas Brille auf – und konnte erst einmal überhaupt keinen Unterschied zu meiner feststellen. Alles war wie immer. *Oha*, dachte ich. Opa und ich hatten offenbar nicht nur den gleichen Brillengeschmack, sondern auch die gleiche Sehstärke.

Aber dann passierte es plötzlich. Die Nordsee ist von meiner Weltkarte verschwunden, als hätte ihr jemand den Stöpsel gezogen, und ich konnte durch die Wand in Omas Zimmer sehen. Und jetzt stehe ich hier, mit pochendem Finger, und betrachte Opas Brille in meiner Hand.

»Baldur, es gibt Abendessen!!!«

Ich muss unbedingt die Brille genauer untersuchen! Oder kann das gefährlich werden? Wer weiß, was damit alles passieren kann? Vielleicht sollte ich zuerst die neuen Staubproben sichern? Brille untersuchen – Staub sichern? Womit fange ich nur an? In meinem Kopf spielen die zwei Möglichkeiten Pingpong – ein typischer Einsatz für meine Entscheidungshelfer Emil ENT und Waldemar WEDER! Ich hole die beiden Figuren aus meiner Hosentasche, mit ihnen spiele ich anstehende Entscheidungen durch.

Denn bei einer Entscheidung gibt es so viel zu bedenken! Es kann dabei so viel …

»Baldur!!!!«

Oh, Mama mit Stufe 14 auf der

BBDS, der »Baldur-beeil-dich-Skala«! Ab Stufe 15 wird
es ungemütlich. Ich lege Opas Brille beiseite, setze
meine eigene wieder auf, flitze die Treppe runter, biege
ins Wohnzimmer ab, schlittere zum Esstisch und
rutsche auf meinen Stuhl. Als ich sitze, schaufelt mir
Mama eine große Portion Spaghetti auf den Teller und
guckt mich dabei mit blitzenden Augen an. Bevor sie
fragen kann, warum sie mich mal wieder so oft rufen
musste, drehe ich schnell ein paar Spaghetti auf meine
Gabel und schiebe sie mir in den Mund. Die beste
Strategie überhaupt! Man soll mit vollem Mund ja
nicht sprechen und was hätte ich auch antworten
sollen? Mama, ich kann wirklich nichts dafür, es ist
so …

Amrum ist weg …
Die Welt hat ein Loch …
Ich kann plötzlich durch Wände gucken …

Mama würde mich garantiert nicht zum Optiker
schicken, sondern gleich zu ihrer Kollegin ins
Krankenhaus.
    »Oh, diese langen Dinger, die rutschen immer alle

weg!« Oma legt den Löffel weg und fängt an, die Spaghetti mit dem Messer klein zu schneiden.

»Hat die Nudellänge irgendeinen Vorteil, Baldur? Für irgendetwas?« Oma schaut mich fragend an. »Hast du das mal untersucht?«

Ich schüttele den Kopf, mein Mund ist noch voll.

»Dein Opa hat mir die immer schon klein geschnitten serviert. Er hat sie einfach mit der Schere gekürzt. Er wusste, dass ich daran verzweifle.« Bei der Erinnerung daran muss Oma laut lachen.

Opa hat Oma Spaghetti klein geschnitten? Was hat er sonst noch gemacht? Er hat gemalt, das weiß ich. Oma und Opa haben früher in einem alten Haus auf dem Land gewohnt, dort hatte Opa ein kleines Atelier mit einer Staffelei. Auf dem Dachboden stehen gut verpackt fünf große Bilder von ihm. Ich muss Oma unauffällig über ihn ausfragen und etwas über seine Brille herausfinden. Am besten fange ich gleich damit an!

»Und Opa?«, frage ich und parke die Spaghetti in meinem Mund in einer Backentasche. »Hat er gern Spaghetti gegessen?«

»Und wie!«, sagt Oma. »Und im Gegensatz zu mir

war er Weltmeister im Nudelnaufdrehen. Er hätte eine Medaille dafür verdient.«

»Oh, super. Warum konnte er das so gut?«

»Weil er geschickt war mit seinen Händen.«

Seine Hände. Völlig falsche Spur. Ich will etwas über Opas Augen erfahren.

»Oder weil er gute Augen hatte?«

»Gute Augen?« Oma lacht leicht auf. »Not really, Darling.« Seit sie ihren Kurs macht, fühle ich mich zu Hause manchmal wie auf einem Schüleraustausch. Aber egal. Ich muss an dem Augenthema dranbleiben.

»Aber mit seiner Brille …«

»Mag noch jemand Soße?« Mama hält den Schöpflöffel hoch.

Mist, warum muss sie ausgerechnet jetzt dazwischengrätschen?

»Yes«, sagt Oma und lässt sich ordentlich Soße geben.

»Und du, Baldur?« Mama schaut mich an.

Soße!?

Einerseits wäre mehr Soße nicht schlecht. Ich mag Soße, und wenn ich keinen Nachschlag nehme, denkt Mama vielleicht, mir schmeckt es nicht, und ist enttäuscht. Andererseits brauche ich mit mehr Soße auch wieder mehr Spaghetti, damit die Mischung stimmt – durch mehr Spaghetti und mehr Soße wird der Teller sehr voll, womöglich so voll, dass ich mit dem Essen nicht hinterherkomme und alles kalt wird ...!?

»Baldur? Soße?«

»Äh ... vielleicht später.«

Ich atme kurz durch. Oma hat in der Zwischenzeit all ihre Spaghetti gekürzt und häuft sich Spaghetti-Soßen-Mischmasch auf den Löffel. Ich muss sie irgendwie dazu bringen, dass sie noch mehr von Opa erzählt.

»Wo ist eigentlich Felix?«, fragt Oma auf einmal. »Muss er sich wieder um ein Virus kümmern?«

»Ja, es kann spät werden bei ihm«, sagt Mama.

Viren sind die Schnittmenge von Mama und Papa. Papa arbeitet allerdings nicht im Krankenhaus, sondern als Programmierer. Zwischen einer Krankenstation und einem Computer gibt es aber erstaunliche Gemeinsamkeiten. Das Problem mit den Viren zum Beispiel, denn Menschen UND Computerprogramme können davon befallen werden. Und die Viren müssen bei beiden bekämpft und ausgeschaltet werden, bevor sie das gesamte System lahmlegen. Außerdem kann bei Computerprogrammen UND Patienten IMMER etwas Unvorhergesehenes passieren. Täglich können Notfälle eintreten. Programme können unerwartet abstürzen, bei Patienten können sich Werte verschlechtern. Wenn Mama aus dem Krankenhaus erzählt, will Papa sofort ein Programm schreiben, mit dem Mama auf ihrer Station alles besser organisieren kann. Dabei ist sie die Beste im Organisieren. Kein Wunder, sie trainiert ja auch jeden Tag. Ständig organisiert sie etwas: die Arbeit, den Einkauf, ihre Sportgruppe, Geburtstage, Ausflüge am Wochenende, die Badezimmerzeit, weil Oma seit Neuestem auf dem Klo Vokabeln übt, oder meine Anziehsachen für die kommende Woche – zum Glück muss ich mich da nie entscheiden, sonst würde ich vor lauter Überforderung vermutlich im Schlafanzug zur Schule gehen.

»Hier ist wenigstens ›Action‹«, sagt Oma immer, wenn Mama ihren Plan für die nächste Woche macht. Ich weiß nicht, ob sie die englische Vokabel da richtig versteht.

»Oma?« Ich versuche noch einmal etwas über Opas Brille herauszufinden und habe mir eine Strategie überlegt. Ich pirsche mich über Umwege an die wichtigen Fragen heran. »Wollte Opa eigentlich schon immer Maler werden?«

»Wie lange möchtest du hier sitzen bleiben, Darling?« Oma lächelt mich an. »Im Gegensatz zu meinen kurzen Spaghetti ist diese Geschichte nämlich lang.«

»Wie lang?«, frage ich.

Oma zuckt mit den Schultern.

»So lang, dass ich sie dir ein anderes Mal erzähle. Er hatte auf jeden Fall schon immer einen besonderen Blick fürs Detail«, sagt sie und zwinkert mir zu. Sie ZWINKERT! Das ist ein Hinweis, oder? Das muss ein Hinweis sein!

»Einen Blick fürs Detail?« Ich will gerade nachbohren, da fängt Mama wieder an zu reden.

»Baldur ...« Sie ist in ihrem Stationsleitungs-Modus und geht nebenbei ihre Liste für morgen durch.

1. Einladungen Klinikfest
2. Geschenk Lena
3. Turnschuhe Baldur

Ich bin Punkt drei auf ihrer Liste. Immerhin. Mama guckt mich an, mit ihrem »Ich-muss-was-mit-dir-besprechen«-Blick, und sagt: »Ich muss was mit dir besprechen, Baldur.«

Och, nö! Der Zeitpunkt ist extrem schlecht. Doch nicht jetzt, wo Oma mir eine heiße Spur geliefert hat!

»Ich muss morgen länger arbeiten«, sagt Mama. »Uns fehlen Leute. Den Programmpunkt ›Turnschuhe einkaufen‹ müssen wir leider noch mal verschieben. Sei nicht sauer, ja!?«

»Kein Problem«, sage ich. Im Verschobenwerden habe ich Übung und neue Turnschuhe brauche ich eh nicht. Das ist nur so eine Idee von Mama. Außerdem habe ich Wichtigeres vor. Ich muss herausfinden, was mit Opas Brille los ist. Aber hier beim Abendessen komme ich nicht weiter. Ich schiebe meinen Stuhl zurück – oh, Moment!

Ich stocke kurz. »Ich bin satt, darf ich aufstehen?«

Jetzt keinen Ärger riskieren.

Mama schaut in den Topf und sagt: »Es sind noch Spaghetti da. Und Oma ist noch nicht fertig, so lange könntest du ruhig am Tisch sitzen bleiben.«

»Auf mich musst du nicht warten«, sagt Oma und

vermengt ihre klein geschnittenen Spaghetti noch mal mit der Soße.

»Und du hilfst mir ja morgen wieder bei meinem Kaffee-Date, my dear.« Sie lächelt mich an. Ich lächele leicht zurück. Stimmt! Ich habe versprochen, ihr zu helfen, wenn ihre Freundinnen zu Kaffee und Kuchen kommen. Das hätte ich fast vergessen. Aber vielleicht ist das DIE Gelegenheit, mehr über Opa zu erfahren!

»Na gut«, sagt Mama, »aber bring bitte deinen Teller in die Küche. Und morgen hilfst du Oma wirklich.«

»Natürlich, ich freu mich schon drauf!«

Mama guckt mich verdutzt an und zieht eine Augenbraue hoch. Höchste Zeit, sich aus dem Staub zu machen!

In meinem Zimmer sichere ich erst mal den neuen Staub vom Dachboden. Sechs alte Marmeladengläser stehen in meinem Regal, die Deckel fest verschraubt, damit nichts herauswirbelt, wenn Mama oder Papa den Staubsauger durchs

Haus schieben oder »ordentlich lüften«. Zur Tarnung habe ich auf manche Gläser bunte Sticker geklebt, außerdem stelle ich immer noch den Zeichenblock mit dem Tigerdeckblatt davor. Denn Mama und Papa würden meine Staubsammlung SOFORT entsorgen. ALLES würde im Müll landen. Für sie ist Staub nur Dreck. Sie haben keine Ahnung von den verborgenen Welten, sie wissen nicht, was Staub leistet – einfach nur, weil er durch die Gegend fliegt oder herumliegt! Staub spiegelt das Licht. Er sorgt für Abendrot am Himmel. Und viele fruchtbare Böden bestehen aus Staub. Außerdem mache ich das ja nicht zum Spaß, sondern weil meine Freundin Jo von nebenan eine Hausstauballergie hat. Jo heißt eigentlich Johanna und ihre Allergie ist eigentlich schon Asthma. Das sagt sie aber niemandem, weil sie nicht will, dass man Rücksicht auf sie nimmt. Deshalb versteckt sie ihr Notfallspray immer in ihren Hosentaschen oder in ihrem Umhängebeutel.

Ich sortiere also den Staub in zwei leere Gläser und

mache mit dem Handy Fotos von meinen Staubwelten. So kann ich in bestimmte Ausschnitte zoomen und prüfen, aus was die jeweilige Staubfluse besteht. In mein Notizheft trage ich Form, Farbe und Bestandteile ein.

Als alles dokumentiert ist, gehe ich zu meinem Schreibtisch. Da liegt Opas Brille. Ich betrachte sie eine Weile – und werde immer kribbeliger. Ich MUSS es noch einmal versuchen! Ich nehme meine Brille ab,

setze vorsichtig die von Opa auf und stelle mich vor die Weltkarte. Regungslos stehe ich da und starre die Karte an, wie ein Tier, das seine Beute fixiert. Ich bin bereit zum Sprung ... Aber ich sehe Dänemark, Schleswig-Holstein, die Nordsee und auch Amrum. Von Omas Zimmer sehe ich: nichts. Da ist kein Loch in der Welt. Ich nehme Opas Brille ab und halte sie gegen das Licht. Haben die Gläser eine besondere Beschichtung? Ist in den Scharnieren ein Schalter versteckt? Gibt es irgendwo einen geheimen Hebel? Ich drehe die Brille hin und her und finde: nichts.

Baldur, sage ich zu mir selbst, *hattest du vielleicht doch eine Halluzination?* Kann aber eigentlich nicht sein. Denn die kriegt man, wenn man nicht genug Schlaf hatte oder Drogen genommen hat. Das hat Mama letztens erzählt und beides habe ich definitiv nicht. Was war das vorhin? Wie komme ich hinter das Geheimnis der Brille?

Ich nehme Emil ENT und Waldemar WEDER und setze mich mit ihnen auf den Boden. Ich sitze da und sitze da – und komme nicht weiter, weil ich nicht weiß, welche Möglichkeiten ich durchspielen soll. Normalerweise läuft das so ab:

Mal angenommen, ich weiß nicht, ob ich Gitarre spielen lernen soll oder nicht. Dann schnappe ich mir ENT und WEDER vom Regal und lasse sie die Situation einmal durchspielen. Emil ENT ist meist der Optimistischere von beiden, Waldemar WEDER endet dagegen oft im schlechtesten aller Ausgänge, in einem Worst-Case-Szenario. Beim Gitarrespielen würde WEDER Argumente bringen wie: Ich vernachlässige dadurch meine Forschung, die Gitarrensaiten könnten meine Fingerkuppen kaputt machen und das Üben meine Hand so sehr anstrengen, dass sie bandagiert und geschient werden muss ... Will danach irgendjemand noch Gitarre spielen?

Oder wenn ich nicht weiß, ob ich nach draußen soll oder lieber was in meinem Zimmer mache. In dem Fall würde WEDER Argumente bringen wie: Draußen ist Wetter (egal welches, er hat es immer mit dem Wetter), es könnte Nebel aufziehen, sodass ich nicht mehr nach Hause finde, außerdem lauern draußen Gefahren, im Nebel erst recht, ich würde in eine Grube stürzen, niemand würde mich finden ... Danach will doch kein Mensch mehr raus!

Manchmal ist aber auch alles ganz anders, dann

tauschen die beiden die Rollen! Es ist mit ihnen wie im echten Leben.

Aber dieser Fall ist kompliziert! Die beiden sind mir so oder so keine Hilfe, denn für die Sache mit Opas Brille brauche ich keine Entscheidung, sondern eine Erklärung! Und um weiterzukommen, muss ich zwei Dinge tun:

Ich muss noch einmal an den Anfang. Ich muss noch einmal auf den Speicher. Vielleicht finde ich dort einen Hinweis. Und ich muss einen Feldversuch starten! Ich muss testen, ob die Brille unter anderen Bedingungen funktioniert, bei einer anderen Person. Und es gibt genau EINE Person, die dafür geeignet ist. Mein Plan steht! Ich stecke Emil ENT und Waldemar WEDER wieder in meine Hosentasche, verstecke Opas Brille in der Schreibtischschublade, ziehe meinen Schlafanzug an und klettere in mein Hochbett. Dort oben lege ich meine Brille in das kleine Fach und denke über den Tag nach. Papa schiebt irgendwann die Tür auf.

»Hat leider etwas länger gedauert«, sagt er. »War ein besonders fieses Virus.«

»Konntest du es ausschalten?«

»Nicht ganz, aber zumindest den Schaden eindämmen. Ich muss mich später noch mal darum kümmern.«

»Vielleicht kannst du das Immunsystem des Computers stärken. Gesunde Ernährung und Bewegung sind gut, sagt Mama immer.«

»Interessante Idee!« Papa lacht kurz auf. »Und wie war dein Ferientag?«, fragt er noch.

»Super«, sage ich nur.

»Schön, dann schlaf gut.«

»Du später auch, gute Nacht.«

Als Papa aus dem Zimmer ist, setze ich meine eigene Brille noch mal auf und schaue von oben auf die Weltkarte. Da ist die Nordsee und da ist auch Amrum.

2 Doch kein Durchblick

Am nächsten Morgen bin ich früh wach. Ich klettere aus meinem Bett, hole Opas Brille aus der Schreibtischschublade und lege sie neben meine. Sie sehen sich wirklich verblüffend ähnlich! Man kann sie kaum voneinander unterscheiden. Mit dem Oberteil meines Schlafanzugs poliere ich die Gläser von Opas Brille und gehe an meine Weltkarte. Ich setze die Brille auf. Es ist wie gestern Abend: Die Welt hat kein Loch. Das heißt, ich muss unbedingt meinen Feldversuch starten! Ich nehme Opas Brille ab, lege sie in mein Brillenetui, wickle zur Sicherheit noch ein T-Shirt um das Etui und packe alles in meinen Rucksack. Dann setze ich meine eigene Brille auf, obwohl ich den Weg ins Bad natürlich auch so finde. Schnell mache ich mich dort fertig, Zähne putzen, anziehen, einmal kurz die Haare kämmen. Im Haus ist es still. Mama ist im Krankenhaus arbeiten und Papa schläft noch, er hat bis in die Nacht das Computervirus bekämpft. Sie haben mir Nachrichten aufs Handy geschickt. Von Oma ist nichts zu sehen und zu hören. Damit ich sie nicht wecke, schleiche ich auf Zehenspitzen zurück in mein Zimmer, hole meinen Rucksack und gehe leise nach unten in die Küche. Als ich mir gerade einen Keks aus der Schachtel neben dem Kühlschrank nehme, kommt Oma die Treppe runter.

»Du bist aber früh dran, Baldur! Du hast doch Ferien. Ich hab da früher den halben Tag verschlafen.« Sie bleibt auf einer der unteren Treppenstufen stehen, streckt sich und gähnt. »Ich dachte, wir frühstücken schön zusammen«, sagt sie.

»Ich hab schon gefrühstückt«, sage ich.

Oma guckt auf meinen Keks und verzieht das Gesicht. »Mein Bauch sagt: Ein Frühstück besteht aus Brot und Eiern und Käse und Marmelade. Und auf seinen Bauch sollte man ...«

Mein Kopf kann sich gerade wirklich nicht mit den Frühstückswünschen von Omas Bauch beschäftigen.

»Ich gehe zu Jo«, sage ich. »Zum Kaffeetreff bin ich aber wieder da. Versprochen!«

»Okay, see you.«

»Bis später!«

Bei Jo bin ich schnell, sie wohnt im Nachbarhaus. Ich stoppe aber noch kurz an der Hecke zwischen ihrem und unserem Haus und hole Emil ENT und Waldemar WEDER aus meiner Hosentasche. Denn ich muss eine wichtige Entscheidung treffen. Jo ist meine Testperson, und wenn der Test bei ihr schiefgeht, wird sie früher oder später (eher früher) fragen, was das mit der Brille soll. Weihe ich sie dann in das Geheimnis der Brille ein – oder besser nicht?

Emil ENT: Klar, du musst sie einweihen! Wie kannst du das überhaupt infrage stellen? Sie ist deine Freundin und was willst du ihr sonst sagen? Dass du einfach mal checken willst, ob sie Augenprobleme hat? Das wäre doch sehr merkwürdig.

Waldemar WEDER: Nein, bloß nicht einweihen! Sie glaubt dir das eh nicht. Ein Loch in der Welt klingt ja auch ... äußerst sonderbar. Sie wundert sich nur wieder über deine seltsamen Versuche und will womöglich nichts mehr mit dir zu tun haben.

Emil ENT: Ha, von wegen. Wenn du sie nicht einweihst, glaubt sie dir nie wieder ein Wort. Wofür hat man beste Freunde? Doch wohl, damit man Dinge mit ihnen teilt. Und hat Jo dir nicht auch vertraut und dich in ihre Allergiesache eingeweiht?

Waldemar WEDER: Tu es nicht! Wenn du sie einweihst, hält sie dich definitiv für einen superschrägtotalverrückten Sonderling!

Typisch WEDER – rechnet mit dem Schlimmsten. Aber seine Argumente sind eher so na ja. Ich weiß jedenfalls, was ich später zu tun habe, gehe um die Hecke herum und klingle bei Jo. Ihr Vater Joachim öffnet die Tür. »Guten Morgen, Baldur. Du bist aber früh dran. Wie sehen deine Sommerferien aus? Hast du Pläne? Und hast du gefrühstückt?«

Oh Mann. Bevor ich überhaupt *Guten Morgen* sagen kann, hat er mir schon drei Fragen gestellt. Joachim ist Lehrer und hat auch Ferien. Was wollte er gerade wissen? *Ob ich besondere Frühstückspläne in den Sommerferien habe? Ob ich in den Ferien bei ihnen frühstücken möchte?*

Ob sein Bauch ... nee, das war Oma vorhin.

»Johanna ist in ihrem Zimmer, geh einfach hoch.«
Er macht einen Schritt zur Seite.

»Guten Morgen«, murmele ich und verschwinde schnell in den ersten Stock. Jo liegt in ihrem Lieblingstrainingsanzug auf dem Bett, ihren großen weißen Kopfhörer über den Ohren, ihre Augen sind geschlossen. Vorsichtig schüttele ich sie an der Schulter.

»BALDUR!«, sagt sie zu laut, weil ihre Musik auch zu laut ist. »WAS MACHST DU SO FRÜH HIER?«, schreit sie mich an.

»Ich muss dir was zeigen, Jo.«

»WAAAS?« Sie schreit mich wieder an.

Ich bewege meinen Mund, zeige auf ihren Kopfhörer. Sie nimmt ihn ab.

»Ich muss dir was zeigen«, sage ich noch einmal.

»Muss es so früh sein?«

»Nun ja, es könnte sich um eine spektakuläre Entdeckung handeln.«

In Lichtgeschwindigkeit verändert sich Jos Blick. Sofort sitzt sie aufrecht im Bett. Mist. Ich weiß genau, was jetzt kommt.

»Hast du die Lösung für den Staub?«, fragt sie.

»Äh, leider noch nicht«, nuschele ich. »Es geht um etwas anderes. Es ist aber auch wichtig – und wir müssen dafür raus.«

»Raus? Warum?«

»Weil es ein bisschen … also, weil es …«

»Sag schon!«

»Weil es irgendwie unglaublich ist – und meine bisherigen Untersuchungen …«

»Geht's etwas genauer?« Jo rollt mit den Augen.

»Außerdem darf es keiner mitkriegen. Es ist eine völlig neue Forschungsrichtung. Und dein Papa darf erst recht nichts erfahren, denn falls er mal mein Lehrer wird …«

»Super, worauf warten wir?«

Weil Jo so begeistert ist, dass ihr Papa was nicht mitkriegen soll, springt sie aus dem Bett, schiebt mit geübtem Griff ihr Asthmaspray tief in eine Tasche ihrer Trainingshose und ist mit zwei großen Schritten an der Zimmertür.

»Na los!« Sie ist plötzlich hellwach und schnell wie immer. Wir laufen die Treppe runter, rufen »Tschüss« durch den Hausflur. Joachim ruft uns noch irgendetwas hinterher, was aber nur noch als Geräusch bei uns ankommt, das wir nicht mehr entschlüsseln können. Draußen zieht mich Jo hinter die Hecke. »Hier kann Papa uns nicht hören. Also, was ist los?«, fragt sie.

»Komm mit zur Ecke, wo Yunus wohnt«, antworte ich.

»Wer zuerst dort ist«, sagt Jo und sprintet los zu dem großen Eckhaus, an dem unsere Straße einen Knick macht und in dem Yunus mit seinem Vater lebt. Seine Mutter ist mit ihrem neuen Mann in ein anderes Viertel gezogen, Yunus wollte bei seinem Vater bleiben. Erstens, weil er sich mit dem echt gut versteht, und zweitens, weil er sich hier nun mal auskennt. Er kennt alle Leute im Haus, hier sind sein Hockeyverein und seine Freunde (also wir) und hier ist es schön. Vor dem Haus ist eine Bushaltestelle, hinter dem Haus ein großer Garten und um den Garten herum eine hohe, alte Mauer. Sie sieht etwas geheimnisvoll aus, die Mauer. Lauter alte Steine, an einigen Stellen wächst Efeu, im Sommer huschen dort Eidechsen herum und Yunus und Jo üben daran manchmal klettern. Und genau dort setzt mein Plan an: An dieser Mauer soll Jo Opas Brille ausprobieren!

Als ich am Eckhaus ankomme, sitzt sie schon mit ausgestreckten Beinen auf der Bank der Bushaltestelle.

»Und? Wo ist hier das Unglaubliche?«, fragt sie.

Ich hole mein T-Shirt aus dem Rucksack, wickele das Brillenetui aus, klappe es auf und halte ihr Opas Brille entgegen.

»Die musst du aufsetzen.«

Jo guckt mich verdutzt an. Oha. Vielleicht war es doch keine so gute Idee, ihr das mit der Brille zu zeigen.

Sie denkt: *Wieder einer von Baldurs komischen Versuchen.*

Sie denkt: *Was hat er sich diesmal ausgedacht?*

Sie denkt: *Etwas seltsam ist er ja schon.*

Ich kann es in ihrem Gesicht lesen. Es steht da. Alles. Ohne Rechtschreibfehler.

»Null Fehler.«

»Was?«

»Ach, nichts.« Ich muss es riskieren. »Setzt du bitte die Brille auf?«

»Okay.« Sie zuckt mit den Schultern und setzt Opas Brille auf. Ich lasse meinen Blick über die Versuchsanordnung *Mauer bei Yunus* schweifen. Perfekt! Ich habe eine andere Wand, eine andere

Umgebung, eine andere Person. Vielleicht setzt das den Mechanismus wieder in Gang!?

»Und jetzt?«, fragt Jo.

»Jetzt stell dich mit dem Gesicht an die Mauer.«

»Ich soll die Mauer angucken?«, fragt sie etwas zu laut.

Ich nicke. Jo stellt sich an die Mauer, ich stelle mich hinter sie, damit ich alles genau beobachten kann.

»Bin ich dein Versuchskaninchen, oder was?« Jo

schimpft die Mauer an. »Baldur, das ist total bescheuert. Ich stehe hier und …«

»Was siehst du?«

»Einen Stein. Und noch einen Stein. Und da ist noch einer!«

»Du musst dich konzentrieren, Jo. Stell dir vor, du stehst vor meiner Weltkarte und betrachtest Amrum. Was siehst du dann?«

»Also, ich gucke auf Amrum und sehe, warte mal, das ist unglaublich – ich sehe immer noch einen Stein«, antwortet sie genervt.

»Ist irgendetwas anders?«

»Definitiv! Ich sehe alles unschärfer, weil ich mit diesem Teil auf der Nase ein Sehvermögen habe wie ein Maulwurf.«

Hm. Setzt der Mechanismus bei ihr vielleicht verzögert ein? Weil ihre Augen keine Übung haben mit einer Brille?

»Siehst du etwas hinter der Mauer?«, frage ich.

Da dreht sich Jo um, nimmt die Brille ab und schaut mich mit wütend funkelnden Augen an. »Dich sehe ich. Das meinst du aber nicht mit unglaublich, oder!? Was soll das, Baldur? Was ist das überhaupt für eine Brille? Sie sieht aus wie deine, aber die hast du ja auf.«

Tja. Genauso ist es. Ich könnte sagen, ich habe meine Brille geklont. Das würde mir Jo aber erst recht nicht glauben. Daher habe ich vorhin beschlossen, sie einzuweihen (die Argumente von ENT waren einfach stärker).

»Okay«, fange ich an, »ich erkläre es dir. Das ist Opas alte Brille.« Ich zögere einen Moment. Es klingt wirklich ein bisschen schräg. Aber es hilft ja nichts. »Okay«, sage ich noch einmal. »Gestern Abend konnte ich mit der Brille ... durch meine Weltkarte und die Wand hindurch gucken bis in Omas Zimmer. Die Nordsee und Amrum waren auf einmal weg. Da war ein Loch in der Welt!«

»Baldur.« Jo schüttelt den Kopf. »Du musst öfter mal raus, deinem Gehirn fehlt Sauerstoff.« Sie lacht, drückt mir Opas Brille in die Hand und sagt: »Los, lass uns checken, ob in den Spindelstrauch-Schrebergärten schon was los ist.«

»Ich kann leider nicht«, sage ich, während ich Opas Brille wieder einpacke. »Ich habe Oma versprochen, dass ich ihr heute bei ihrem Kaffeetreff helfe.«

»Oh, gibt es Schokokuchen?« Jo kennt Omas Kaffeetreff, sie klingelt dann gerne mal. »Kommst du später trotzdem mit zum Hockeyplatz? Yunus hat heute Training.«

»Ich weiß nicht. Der Kaffeetreff dauert ja manchmal länger.« Das stimmt wirklich. Es ist erstaunlich, wie lange Omas Freundinnen Kaffee trinken können.

Es gibt aber noch eine andere Wahrheit: Ich mag dieses ganze Mannschaftssport-Dings nicht. Mannschaftssport ist stressig, lange bevor ein Spiel überhaupt losgeht. Denn immer heißt es: Los, entscheide dich! Für wen bist du? Für die Roten oder für die Blauen? Für die Heim- oder die Auswärts- mannschaft? Für den Meister oder den Außenseiter? Man MUSS sich für ein Team entscheiden und dem Team muss man dann die Daumen drücken. Bis ich aber Spielberichte, Tabellen, Statistiken von Toren, Punkten, Heim- und Auswärtssiegen verglichen habe, damit ich eine aussagekräftige Entscheidungsgrundlage dafür habe, ob ich für die Roten oder die Blauen bin – bis dahin ist das Spiel längst vorbei und die Roten und die Blauen kommen schon frisch geduscht aus der Kabine. »Shit happens«, würde Oma sagen.

»Ich klingle später noch mal bei dir!«, sagt Jo. Ist klar, der Schokokuchen. Ich mache meinen Rucksack zu, Jo stopft ihr Spray noch mal tief in eine ihrer Taschen und läuft los Richtung Schrebergärten.

3 Jumbo
ist weg

Als ich die Haustür aufmache, stehe ich in einer
Schokokuchen-Wolke. Oma wirbelt durch die Küche
und singt ein englisches Lied vor sich hin. Irgendetwas
mit »Friends«. »Baldur!«, begrüßt sie mich. »Wie
schön, dass du Ferien hast und diesmal sogar bei den
Vorbereitungen helfen kannst.«

Der Schokokuchen ist noch im Ofen, Oma richtet
gerade Brot und Käse für belegte Schnittchen, die gibt
es beim Kaffeetreff seit Neuestem auch immer. Das
machen die Engländer zur Teezeit so, sagt Oma. Von
ihren Freundinnen trinkt zwar keine Tee, das ist aber
wohl egal. Ich decke in der Zwischenzeit den Tisch:

41

verteile Omas alte Kuchenteller mit dem kleinen goldenen Rand, lege Kuchengabeln dazu, falte die Papierservietten und drehe bei den Tassen die Henkel nach rechts.

Anschließend belegen Oma und ich gemeinsam die Brote. Während ich die Käsestreifen gerecht aufteile, denkt mein Gehirn darüber nach, ob ich Oma noch mal ausfragen soll. Es fällt aber vielleicht auf, wenn ich sie so völlig überraschend wieder nach Opa frage. Wie stelle ich das am besten an? Hat irgendjemand eine Idee? Ich überlege und überlege, aber Oma ist eh voll beschäftigt mit den Vorbereitungen und auf einmal ist eine Stunde herum und es klingelt. An den Schallwellen erkenne ich sofort: Die Lachmöwe und die Strickkönigin sind mal wieder superpünktlich! Die Nobelpreisträgerin kommt also wie immer als Letzte. Oma sagt Emma, Sigrid und Delia zu ihnen. Ich habe ihnen Namen gegeben, die viel besser zu ihnen passen. Meine Namen für die Damen (ein Reim!) sind so wie Omas vom Friseur gedrehte Locken: Sie unterstreichen ihre Persönlichkeit!

Die Lachmöwe kichert über jede Kleinigkeit. Die Nobelpreisträgerin hinterfragt alles. Und die Strickkönigin arbeitet jede Woche an einem anderen

Projekt. Mal ist es ein Schal für ihre Tochter, mal ein Pullover für ihren Enkel, mal Socken für ihren Mann. Sie will auch mir immer etwas stricken und sagt dann mit leuchtenden Augen: »Baldur, du hast die freie Auswahl!« Die freie Auswahl! Sie ist davon überzeugt, dass sie mir damit eine riesengroße Freude macht.

Ihr ist NULL bewusst, *wie viel* man bei ihren Strickprojekten entscheiden kann – oder MUSS: Socken, Schal oder Pulli? Welche Farbe? Welches Muster? Dünne oder dicke Wolle? Flauschige oder glatte? Und das ist längst nicht alles! Durch stundenlanges Zuhören beim Kaffeetreff habe ich erfahren, dass es unzählige weitere Möglichkeiten gibt: Mit Rand oder ohne? Mit Fransen oder ohne? Runder Hals oder U-Boot-Ausschnitt? Das habe ich in hundert Jahren noch nicht durchgespielt!

Übrigens: U-Boot-Ausschnitt. Ob schon mal jemand den Ursprung von Strickmodellen erforscht hat? Wenn ich nicht gerade mit dem Staub und Opas Brille beschäftigt wäre und meine Pflanzenforschung nicht auch vernachlässigt hätte, dann …

»Baldur, wie schön, dass du wieder hilfst!« Die Lachmöwe kommt an den Esstisch. Währenddessen klingelt es erneut.

»Hello, Delia, my dear!« Oma begrüßt die Nobelpreisträgerin.

»Was hast du gesagt, Liebchen? Egal. Du siehst auf jeden Fall mal wieder bezaubernd aus.« Die Nobelpreisträgerin macht sich ein bisschen über Omas Englisch lustig. Und wie die Lachmöwe und die Strickkönigin bewundert auch sie die Locken von Oma. Das ist ein Ritual, wie das bei Yunus' Hockeymannschaft, wenn alle vor dem Spiel die Köpfe zusammenstecken. Während sich Omas Freundinnen auf ihre Plätze setzen, verteile ich mit Oma Kaffee und Kuchen. Als alle versorgt sind, nehme ich mir selbst ein Stück. Heimlich hole ich außerdem Opas Brille aus meinem Rucksack, tausche die Brillen und verziehe mich in den großen Sessel am Wohnzimmerfenster. Wenn ich einfach ruhig hier sitzen bleibe, vergisst der Kaffeetreff vielleicht, dass ich da bin, und sie plaudern irgendwann Geheimnisse über magische Brillen aus? Im Moment erzählt Oma aber von ihrer letzten Englischstunde, superöde. Ich esse meinen Kuchen und schaue aus dem Fenster. Draußen fährt Yunus auf dem Fahrrad vorbei, seine alte Sporttasche klemmt auf dem Gepäckträger. Er fährt zum Hockeytraining, Ende der Woche steht ein großes Turnier an. Ich überlege, ob ich nicht auch etwas Sinnvolles tun sollte, statt hier herumzuhängen. Zum Beispiel unbedingt noch einmal auf den Dachboden gehen! Zurück an den Anfang und nach einem Hinweis zu Opas Brille suchen.

Einerseits wäre jetzt eine gute Gelegenheit, um mich hochzuschleichen, denn Oma ist mit dem Kaffeetreff beschäftigt. Andererseits kann die nächste Geschichte, die sie und ihre Freundinnen sich erzählen, auch einen entscheidenden Hinweis liefern. Also bleibe ich besser hier.

Oder??? Was meint ihr?

Ich atme einmal durch und hole Emil ENT und Waldemar WEDER aus meiner Hosentasche.

Emil ENT: Wann, wenn nicht jetzt? Der Zeitpunkt ist perfekt! Mama und Papa nicht da, Oma beschäftigt. Das Risiko, erwischt zu werden, ist minimal.

Waldemar WEDER: Von wegen minimal! Stell dir vor, Oma braucht gleich deine Hilfe, sie und der Kaffeetreff suchen dich überall im Haus und entdecken dich auf dem Dachboden. Das wissen heute Abend nicht nur deine Eltern, das weiß morgen der halbe Ort!

Emil ENT: Das ist doch wieder reine Panikmache. Oma braucht gerade keine Hilfe. Es wäre echt eine verpasste Gelegenheit!

Waldemar WEDER: Panikmache, so ein Quatsch. Es ist doch so: Wenn du auf den Dachboden gehst, verpasst du definitiv die nächsten Geschichten. Und es könnte eine sehr interessante über Opa dabei sein!

Oh Mann. Die zwei sind gerade keine große Hilfe. Vor lauter Hin und Her mache ich erst mal: nichts. Das hat sich in solchen Fällen bewährt. Ich schaue einfach weiter aus dem Fenster, da rennt plötzlich Loretta die Straße entlang. Sie wohnt mit ihren Eltern und ihrem großen Bruder Lorenzo in der Parallelstraße. Und normalerweise lässt Lorenzo sie nicht aus den ... Wusste ich es doch! Er läuft mal wieder hinter Loretta her. Immer meint er, auf sie aufpassen zu müssen.

Aber was ruft Loretta eigentlich die ganze Zeit? Ich stehe auf, stelle mich näher ans Fenster, und als der

Kaffeetreff mal ein paar Sekunden ruhig ist, höre ich sie »Jumbo, Jumbo!« rufen.

Oh nein! Jumbo ist verschwunden!? Loretta hat die kleine Katze erst vor ein paar Wochen aus dem Tierheim geholt.

»Jumbo, wo bist du?« Loretta klingt völlig verzweifelt.

Ich stehe da, in der Hand noch Emil ENT und Waldemar WEDER, und knete die beiden zwischen

meinen Fingern. Soll ich nach draußen gehen? Ich
könnte Loretta suchen helfen. Aber was ist dann mit
Oma? Ich habe ihr doch versprochen ... Ich will gerade
weitere Argumente für das eine und das andere
sammeln, da schwanke ich leicht. Was ist jetzt los? Ich
stütze mich schnell am Fensterbrett ab, kneife die
Augen zusammen – und als ich sie wieder öffne, kann
ich es kaum glauben! Vor meinen Augen löst sich an
einer Stelle der Straße der Asphalt auf. Da entsteht
gerade ein Loch! Wie bei meiner Weltkarte.

Opas Brille!

Sie ist wieder in diesem Röntgenmodus.

Aber warum??? Ich beuge mich etwas vor, schaue
konzentriert auf das Loch und kapiere auf einmal,
dass ich in einen Abwasserschacht gucken kann. An
den Wänden sitzt etwas Moos, im Gitter hängen
weggespülte Papierchen und Blätter – und ich entdecke
noch etwas! Mitten in dem Dreck sitzt Jumbo!!! Ganz
verloren kauert sie da unten. Ihr kleiner grauer
Kopf schaut gerade so hervor. Loretta ist an ihr
vorbeigelaufen, sie konnte sie in dem Schacht nicht
sehen. Ich halte es nicht mehr aus, renne an Oma und
ihren Kaffeefreundinnen vorbei –

»Hoppla! Baldur. Was hat dich denn gestochen ...«, höre ich noch – dann bin ich aus dem Haus.

Als ich auf die Straße komme, ist Loretta schon kurz vor dem Haus, in dem Yunus wohnt. Gleich biegt sie um die Ecke und ist weg! Ich laufe an den Schacht und rufe ihr laut hinterher: »Loretta! Jumbo ist hier, hier unten!«

Loretta und Lorenzo bleiben stehen. Sie drehen sich um, ich winke sie heran, knie mich neben die Abflussritzen und schaue nach Jumbo. Man kann sie durch die Gitterstäbe schlecht erkennen, aber sie ist tatsächlich da. Keine Halluzination.

»Wo ist sie?« Loretta kniet sich neben mich, sie ist etwas außer Atem, ihre Schulter bebt. Sie hängt ihren Kopf über den Schacht, schluchzt einmal auf und versucht Jumbo zu beruhigen. »Jumbo, meine kleine Jumbo! Alles wird gut.«

Währenddessen schaue ich mir den Gullydeckel genauer an.

»Hier ist der Spalt größer, da muss sie durchgerutscht sein.«

Loretta nickt, Jumbo maunzt weiter. »Wir holen dich da raus«, sagt Loretta.

»Ich übernehme das!« Lorenzo drängt sich auf einmal zwischen uns, er schiebt Loretta zur Seite, stellt sich über das Gitter und rüttelt daran. Er will es hochheben, doch es sitzt zu fest. Loretta beachtet ihn nicht, sie redet weiter auf Jumbo ein. Ich überlege, ob ich im Keller Werkzeug holen soll, frage mich im gleichen Moment aber, was uns das helfen würde, da kommt Herr Kanis von gegenüber auf uns zu. In der Hand eine lange Stange mit einem Haken.

»Ich mach das«, sagt er zu Lorenzo, klemmt die Stange zwischen die Gitterstäbe und hebelt den Gullydeckel weg. Jumbo maunzt und maunzt, Loretta beugt sich zu ihr hinunter und will sie herausheben – da greift Lorenzo in den Schacht. Er schnappt sich Jumbo und drückt sie seiner Schwester in den Arm. Die kleine Katze ist völlig nass und verängstigt. Vorsichtig streicht Loretta ihr über den Kopf.

»Danke«, sagt Loretta und lächelt mich an.

»Hey, ich hab Jumbo rausgeholt!«, meckert Lorenzo.

Loretta streicht Jumbo weiter über den Kopf und kaut auf ihrer Unterlippe herum.

»Hauptsache, Jumbo ist wieder da«, sage ich.

»Genau«, sagt Herr Kanis. »Passt in Zukunft gut auf das Kätzchen auf.«

»Danke«, sagt Loretta noch einmal leise. Diesmal zu Herrn Kanis. Er lächelt freundlich und setzt das Gitter zurück auf den Gully. Da fallen mir Oma und der Kaffeetreff wieder ein. Was die wohl denken? Was haben sie von all dem mitbekommen? Die Frage wird sofort beantwortet – hinter mir ruft es:

»My goodness, was ist denn hier los! Baldur, ich wusste gar nicht, dass du so schnell laufen kannst!« Omas Stimme ist so laut,

dass man sie garantiert bis ans Eckhaus hören kann.

»Hallo, Herr Kanis«, ruft sie. Herr Kanis winkt noch kurz und geht zurück in sein Haus.

»Wir haben Jumbo gerettet«, erklärt Lorenzo stolz.

»Baldur hat sie im Schacht entdeckt«, murmelt Loretta.

»Na, so was ...« Oma runzelt die Stirn und streicht der kleinen Katze ebenfalls über den Kopf.

»Ich bringe Jumbo nach Hause. Sie hat bestimmt Hunger«, sagt Loretta nach einer Weile.

Jumbo maunzt noch mal.

Ich sage Loretta »Tschüss« und lasse mich von Oma ins Haus schieben. Kaum sind wir im Wohnzimmer, stürzen sich die Kaffeedamen wie ein Schwarm Möwen auf mich. Sie zerren an mir wie an einem Wurm. Baldur hier, Baldur da, wie toll, dass ich Jumbo im Schacht entdeckt habe, ich soll mich zu ihnen setzen und ihnen alles genau erzählen. Die Strickkönigin will mir zur Belohnung nun wirklich einen Schal für den Winter stricken.

»Was ist deine Lieblingsfarbe?«, fragt sie.

Oh nein! Jetzt bitte keine Entscheidungsfrage.

»Meine Lieblingsfarbe?«, frage ich, um Zeit zu gewinnen. Dann habe ich die Lösung: »Ich finde alle Farben schön. Bunt ist meine Lieblingsfarbe.«

»Gut«, sagt die Strickkönigin. »Du bekommst von mir einen superbunten Schal. So einen hast du noch nicht gesehen!«

Die Lachmöwe schiebt mir kichernd ein weiteres Kuchenstück zu und meint, nach der Aktion müsste ich doch einen Riesenhunger haben. Während ich überlege, wie ich mich unauffällig verziehen kann, klingelt es an der Haustür. Meine Rettung!

»Ich mache auf«, sage ich und sprinte zur Tür. Jo strahlt mich an.

»Gibt es Schokokuchen?« Ich ziehe sie ins Haus und rufe durch den Flur: »Oma, es ist Jo. Wir gehen in mein Zimmer.«

»Okay, my dear! Wenn ihr Kuchen wollt ...«

»Ja, klar«, sagt Jo und will zum Kaffeetreff. Ich packe sie schnell am Arm.

»Jo, du kannst später so viele Kuchenstücke mitnehmen, wie du willst. Versprochen. Aber jetzt komm bitte!«

Sie seufzt einmal kurz, folgt mir aber die Treppe hoch. In meinem Zimmer stellt sie sich sofort vor die Weltkarte und klopft mit der Faust gegen die Wand. In dem Moment wird mir erst klar, dass ich Opas Brille noch aufhabe. Was, wenn der Mechanismus wieder einsetzt?

»Baldur, da ist kein Loch!«, sagt Jo. »Nicht mal eine Delle.« Sie klopft auf Amrum herum, als wäre sie ein Specht.

»Wenn du weiter so gegen die Wand hämmerst, ist da doch bald eins«, sage ich. Und denke: Allerdings ein echtes Loch. Aber was war meins? Ein falsches? Ein unechtes?

»Was war denn eben draußen los?«, fragt Jo. »Ich hab dich über die ganze Straße rufen hören.«

»Ach, Loretta hat ihre kleine Katze gesucht. Wir haben sie aber schnell gefunden.«

»Aha«, sagt Jo nur, nimmt ihre Faust von der Wand, geht zu meinem Regal und schiebt den Zeichenblock mit dem Tigerdeckblatt zur Seite. »Hast du neue Staubproben?«

Sie ist die Einzige, die von meiner geheimen Staubsammlung weiß. Ihretwegen mache ich das Ganze ja überhaupt. Ich stelle mich neben sie.

»Zwei sind neu. Ich hatte aber noch keine Zeit, sie zu untersuchen.«

Jo schnappt sich das Glas mit der Nummer 6, dreht

den Deckel ab und begutachtet die große Staubfluse vom Dachboden. Sie steckt ihre Nase dabei etwas zu tief ins Glas und muss niesen.

Der Nieser wirbelt den Staub etwas hoch.

»Jo!«

»Ist ja gut.« Schnell schraubt sie den Deckel wieder drauf.

»Findest du bald heraus, warum ich diese blöde Allergie habe?« Sie putzt ihre Nase und ist auf einmal sehr ernst. »Papa nervt mich total mit seinem Putzfimmel. Er richtet jeden Samstag ein komplettes Chaos in meinem Zimmer an, weil er die kleinsten Staubflusen jagt. Letzte Woche hat er im Baumarkt sogar extra irgendwelche Hightech-Putzgeräte ausgeliehen und bei der Aktion mein halbes Zimmer geflutet. Danach lagen überall Putzlappen auf dem Boden und Eimer standen herum, es sah aus wie auf einer Baustelle. Es wäre so toll …« Jo betrachtet die Gläser.

»Es geht nicht so schnell, Jo. Es ist kompliziert. Staub kann sehr unterschiedlich sein und …«

»Okay. Wenn das dauert, kommt es auf einen Tag mehr ja auch nicht an. Dann komm mit zum Hockeyplatz, Yunus zugucken.« Sie schiebt den Zeichenblock wieder an seinen Platz und schaut mich abenteuerlustig an.

»Ja. Gut. Ähm, nein ...«

»Kannst du dich vor heute Abend entscheiden? Oder doch erst morgen?« Jo grinst. »Yunus braucht allerdings JETZT unsere Unterstützung«, sagt sie.

»Es ist doch nur ein Training«, sage ich. »Außerdem habe ich Oma auch meine Hilfe versprochen.«

»Und versprochen ist versprochen«, sagt Jo.

Korrekt, sie kennt mich einfach zu gut.

»Okay, bis morgen!« Sie haut mir mit der Hand auf die Schulter, saust die Treppe runter und zur Haustür raus. Den Kuchen hat sie vergessen.

Ich atme einmal tief durch, ordne die Staubgläser im Regal, stelle den Zeichenblock wieder ordentlich davor und denke über den Staub nach. Überall auf der Welt ist Staub, er besteht aus Sandkörnern aus der Sahara, Salzpartikeln vom Meer, sogar kosmische Teilchen sind darunter. Bei allem, was wir tun, wirbeln wir Staub in die Luft. Und überall auf der Welt leiden Menschen unter Hausstauballergie und Asthma – so wie Jo. Sie ist die schnellste Läuferin, die ich kenne, aber manchmal ist sie sogar vom Nichtstun außer Puste. Ganz oft zum Beispiel, wenn in der Schule die Heizung an ist oder wenn wir draußen sind und in der Nähe jemand raucht. In solchen Situationen geht es Jo gar nicht gut und einmal hatte sie sogar einen richtig schlimmen Anfall. Da muss doch mal jemand eine Lösung finden und Jo und all den anderen helfen! Und das würde ich ja auch gerne, aber im Moment ist da eben auch Opas Brille. Ich will unbedingt den geheimen Mechanismus verstehen. Das ist doch auch wichtig, oder? Staubforschung oder Opas Brille. Wo fange ich nur an?

Ich lege mich mit Emil ENT und Waldemar WEDER auf den Boden.

Emil ENT: Das ist doch völlig klar! Die Staubforschung muss vorankommen. Jo wartet auf Ergebnisse. Sie wäre sehr enttäuscht, wenn du nicht bei der Sache bleibst. Und wenn du jetzt aufgibst, wirst du womöglich nie ein richtiger Wissenschaftler werden!

Waldemar WEDER: Na ja, der Mechanismus der Brille könnte aber auch die Staubforschung voranbringen. Vielleicht ist die Brille entscheidend für die Lösung des Problems. Du wirst es ewig bereuen, wenn du es nicht ausprobierst.

Emil ENT: Quatsch! Die Brille ist albern und nur eine Ablenkung, findet auch Jo. Und wenn sie von dir enttäuscht ist, musst du dir eine neue Freundin suchen. Das ist dann garantiert kein Spaß mehr.

Waldemar WEDER: Albern? Die Brille? Opas Brille hat einen geheimen Mechanismus! Vielleicht steckt eine unbekannte Superkraft dahinter. Wer weiß, was du mit der noch alles lösen könntest! Stell dir vor: Du würdest etwas über Opa herausfinden UND das Allergieproblem lösen. Du würdest berühmt werden. Jo wäre so stolz auf dich!

Unbekannte Superkraft, womöglich berühmt – Waldemar WEDER hat hier eindeutig die besseren Argumente. Ich nehme Opas Brille ab und untersuche sie noch einmal genau. Haben die Gläser etwa doch

eine besondere Beschichtung? Habe ich etwas
übersehen? Ich lege die Brille unter meine große Lupe,
erkenne aber nichts. Ich nehme einen Magneten und
prüfe, ob der Mechanismus darauf reagiert. Nichts
passiert. Ich klopfe die Brille vorsichtig mit einem
dünnen Schraubenzieher ab, wie ein Arzt, der bei
einem Menschen Reflexe überprüft. Keine Reaktion. Ich
krame in meinen Schubladen nach weiteren Geräten,
die ich für die Untersuchung einsetzen könnte, da
dringen wieder Schallwellen an mein Ohr.

»My dear!« Oma ruft die Treppe hoch.

Die Lachmöwe schmettert »Time to say goodbye«
hinterher. Macht sie auch den Englischkurs? Ich lege
Opas Brille weg, gehe nach unten und werde wie ein
Filmstar empfangen. Alle wollen mir wegen der
Rettung von Jumbo, meiner angeblichen Heldentat,
noch mal auf die Schulter klopfen. Ich verhalte mich
wie ein Filmstar und ertrage es lächelnd. Als die
Haustür zufällt, ist es schlagartig ruhig im Haus. Ich
atme erleichtert auf. Oma strahlt mich an.

»What a day!«, sagt sie.

Ich überlege, ob sie vielleicht heimlich plant, nach
England auszuwandern. Bevor ich sie aber fragen kann,

schiebt sie mich ins Wohnzimmer, um gemeinsam mit mir den Tisch abzuräumen. Während wir Teller und Tassen in die Küche tragen, versuche ich unauffällig wieder etwas über Opa zu erfahren. Ich setze die Strategie von vorhin noch mal ein und nähere mich den wichtigen Fragen wieder über einen Umweg:

»Oma, hatte Opa eine Lieblingsfarbe?«

»Eine? Er hatte immer mehrere Lieblingsfarben. Und davon war mal die eine, mal die andere seine Lieblings-Lieblingsfarbe. Am Ende war es ein tiefes Blau. Da hat er auch viele blaue Bilder gemalt.«

Mehrere Lieblingsfarben. Opa konnte sich offenbar auch nicht sooo gut entscheiden.

»Und er hatte einen Blick fürs Detail, hast du gesagt. Hat er auch Details gemalt?«

»Details gemalt!? Du stellst Fragen, Baldur. Was meinst du denn damit? Eine Blume oder ein einzelnes Blatt? Aber ja, er hat auch kleine Dinge gemalt und dann immer sehr konzentriert durch seine Brille geschaut. So wie du manchmal.«

»Echt?«

»Ja. Manchmal denke ich, du hast seine besondere Sehschwäche geerbt.« Oma steht da, mit einem Teller

in der Hand, und guckt mich von der Seite an.
Irgendwie seltsam, so als wäre sie ganz weit weg. Nicht
einfach in England, sondern irgendwo in einer anderen
Welt. Mir wird ein bisschen mulmig. »Komm, wir
räumen den Tisch fertig ab«, sagt sie plötzlich und
schüttelt sich kurz. »Let's go!«

»Okay«, sage ich und denke über Omas seltsames
Verhalten nach. Was ist denn eine *besondere*
Sehschwäche?

4 Beim Optiker Schmidt

»Guten Morgen!«, ruft Mama gut gelaunt, als ich aus meinem Zimmer schlurfe. Sie ist schon superfit und räumt in den Schränken auf dem Flur herum.

»Guten Morgen, Mama«, murmele ich.

Sie strahlt mich an. »Na, gut geschlafen nach dem Tag gestern? Du kannst mit Felix frühstücken.« Sie verschwindet wieder in einem Schrank. Ich gehe nach unten, zu Papa an den Frühstückstisch.

»Na, gut geschlafen?« Papa schaut von seinem Handy hoch.

Was haben heute alle? Was soll mit meinem Schlaf sein? War Vollmond, oder was?

»Hmmm«, murmele ich und schütte Müsli in meine Schale.

Ich merke, dass mich Papa beobachtet. Nach einer kurzen Pause sagt er: »War ja einiges los gestern, was?«

»Hmmm.«

»Nur hmmm? Baldur! Oma war noch wach, als ich nach Hause kam. Sie hat völlig begeistert davon erzählt, wie du Lorettas Katze gerettet hast und wie ein Weltklassesprinter am Kaffeetisch vorbeigerannt bist. Sie meinte, sie hätte gar nicht gewusst, dass du so schnell reagieren kannst.«

Wusste ich auch nicht, denke ich. Sage aber: »Na ja, Oma übertreibt manchmal.«

»Und ihre Freundinnen hast du offenbar auch endgültig beeindruckt!« Warum ist Papa eigentlich schon so wach? Ich will nicht über gestern reden. Meine Gedanken kreisen um Opas Brille und Omas Bemerkung mit der Sehschwäche.

»Wie hast du überhaupt mitgekriegt, dass die Katze in dem Schacht saß?«, fragt Papa. Oh nein! Völlig falsche Frage. Ich kaue demonstrativ auf meinem Müsli herum.

»Arbeitest du heute von zu Hause?«, frage ich und hoffe, dass mein Ablenkungsmanöver funktioniert.

»Würde ich gerne, aber das ist ein komplizierter Fall, ich muss damit ins Büro.« Okay, die Strategie funktioniert.

»Was ist denn so kompliziert an dem Fall?«

»Das Virus breitet sich immer wieder von Neuem aus. Und ich weiß noch nicht, warum. Wenn ich den Fehler nicht finde, macht es mit der Zeit alles platt. Aber ich wollte dir noch was zeigen ...« Papa holt einen seiner Laptops und startet ein Programm, verschiedene Kreise ploppen auf. »Eine Überraschung für Oma. Super, oder!?« Er schmunzelt, anscheinend ist er begeistert von seiner Idee. Ich gucke auf den Bildschirm, aber mein Gehirn kriegt nicht zusammen, was die Kreise mit Oma zu tun haben.

»Was ist das?«

»Ein Programm für Omas Kaffeetreff. Sie kann die Rezepte in den Computer eingeben und wer wie viele Stücke von welchem Kuchen isst und sich das Ganze als Tortendiagramm anzeigen lassen!«

»Sieht gut aus«, sage ich. »Aber was hat sie davon?«

»Sie kann sehen, ob sich Vorlieben für bestimmte

Kuchen ändern, und die Menge oder Art der Kuchen daran anpassen.«

Hm, verstehe ich immer noch nicht. Wenn Papa mal beim Kuchentreff dabei wäre, wüsste er, dass nichts so gut ankommt wie Schokoladenkuchen. Was für einen Quatsch programmiert er denn sonst, wenn er nachts in seinem Arbeitszimmer sitzt? Wenn sie nicht so geheim wäre, könnte er lieber mal ein Programm für meine Staubsammlung schreiben.

»Na, was heckt ihr beiden denn aus?« Mama steht auf einmal am Tisch. Ich schaue sie an – und in dem Moment stockt mir der Atem. Sie hat eine Brille in der Hand – und es kann nur Opas Brille sein! Meine ist in meinem Rucksack versteckt, die von Opa habe ich auf dem Schreibtisch liegen lassen, denn den Frühstückstisch finde ich auch so. Meine Gedanken fangen an zu flattern. Was hat Mama mit der Brille vor?

»Ich gehe gleich vor der Arbeit zum Optiker«, sagt sie. »Nach einer Sonnenbrille schauen. Deine Brille nehme ich mit, Baldur. Sie muss mal wieder richtig gereinigt werden. Und du könntest sie nachher bei Herrn Schmidt abholen und gleich mal deine Augen messen lassen. Das ist auch schon lange fällig.«

NEIN! Das ist nicht schon lange fällig. Das ist die Katastrophe! Herr Schmidt darf auf keinen Fall Opas Brille checken. Wer weiß, was passiert, wenn er sie in das Reinigungsgerät steckt. Oder wenn er später sagt:

Baldur, wir müssen die Gläser austauschen.

Die hier taugen gar nichts mehr.

Ich muss etwas tun!

»Ich kann das später alles selbst machen, Mama. Überhaupt kein Problem«, sage ich. »Ich hab ja Zeit. Du brauchst meine Brille wirklich noch nicht mitnehmen.«

Mama guckt skeptisch, überlegt einen Moment und sagt dann: »Ich mach das schon. Sicher ist sicher. Nicht dass du es vor lauter Ferienfreizeitstress vergisst. Und den einen Vormittag wirst du deine Brille wohl nicht vermissen, oder?« Den letzten Satz sagt sie mit einem leichten Grinsen.

Sonst ermahnt sie mich nämlich oft, ich soll bloß nicht vergessen, meine Brille aufzusetzen. Warum ist das ausgerechnet heute kein Problem!?

»Tschüss und einen schönen Tag«, ruft Papa, er verabschiedet sich ins Büro, Mama packt ihre Einkaufstasche, ich flitze die Treppe hoch, werfe mir

im Bad schnell zwei-, dreimal richtig viel Wasser
ins Gesicht, schaue in den Spiegel – und sehe
plötzlich klarer. Ich muss zu Jo. Ihr fällt bestimmt
etwas ein, auch wenn sie die Sache mit der Brille schräg
findet und nicht richtig daran glaubt. Ich sause die
Treppe wieder runter, Mama steht an der Haustür,
in der Hand hält sie ihre Einkaufstasche, in der
jetzt Opas Brille liegt. »Tschüss«, ruft auch sie und:
»Ich sage Herrn Schmidt Bescheid, dass du
vorbeikommst.«

»Ja, ja«, murmele ich
vor mich hin und sehe
in Gedanken Herrn
Schmidt vor mir,
wie er Opas
Brille mit einem
Reinigungsstrahl
bearbeitet und ihr
ganzes Geheimnis

wegspült. Als die Haustür ins
Schloss fällt, gehe ich ans Wohnzimmerfenster und
beobachte, wie Mama die Straße entlangläuft. Zur
Sicherheit warte ich, bis sie um die Ecke gebogen ist,

dann schnappe ich mir meinen Rucksack, in dem meine Brille liegt.

»Good morning!«, schallt es plötzlich durch den Flur. Nicht auch noch Oma! Was ist heute Morgen nur los hier? Ich will schnell zur Tür, da drückt mich Oma an sich und fragt: »Frühstückt der große Retter heute mit mir? Es wäre eine Ehre für mich!«

»Ähm, ich hab leider schon gefrühstückt. Ich wollte gerade zu Jo.«

»Ich habe aber auch Pech! Was gibt es denn so Wichtiges bei Jo?«

Was gibt es so Wichtiges bei Jo!!??

»Wir wollen was nachgucken und was wegen Loretta überlegen.«

»Na, das klingt ja geheimnisvoll. Viel Spaß!«

»Tschüss, Oma«, sage ich und überlege, was Jo und ich uns überhaupt wegen Loretta überlegen könnten, aber eigentlich muss ich das ja gar nicht überlegen.

Ich laufe zu Jo rüber und drücke auf die Klingel. Diesmal macht Jo auf, sie guckt mich mit einem zerknautschten Gesicht an und beißt in ein Brötchen.

»Willst du eine Ehrenurkunde fürs Dauerklingeln?«, fragt sie mit vollem Mund. »Was ist los?«

Meine Gedanken waren so bei Opas Brille, dass ich völlig vergessen habe, den Finger vom Klingelknopf zu nehmen.

»Jo, dieser Morgen wird als Morgen der großen Katastrophe in die Geschichte eingehen! Mama bringt gerade Opas Brille zum Optiker. Er soll die Gläser reinigen. Und dieses Reinigungsgerät zerstört garantiert den Mechanismus! Mit Hochdruck macht das Ding alles kaputt, ich weiß es genau. Und nachher soll ich auch noch meine Augen prüfen lassen ... und wenn Herr Schmidt merkt, dass das gar nicht meine Brille ist – Vollkatastrophe.«

»Baldur, ich nenne dich heute Dieter. So heißt unser Saugroboter und du bist genauso verwirrt wie er, wenn er seine Route verloren hat.« Jo grinst. »Es geht um deine angebliche Durchblicker-Brille, ja? Was sollen wir machen? Deine Mutter in eine Falle locken? Dem Optiker sagen, er muss zur Sicherheit alle Brillen abgeben, weil das Gesundheitsamt festgestellt hat, dass geheimnisvolle Brillen im Umlauf sind, die Löcher in Dinge machen?«

»Jo, ich meine es ernst.«

Sie schluckt den letzten Rest ihres Brötchens runter.

»Gut, keine Panik, wir kriegen das hin«, sagt sie, dreht sich um und geht an die alte Kommode im Hausflur. Aus einer Schublade holt sie Haushaltsgummis, einen Kugelschreiber und drei Heftpflaster heraus und stopft alles in meinen Rucksack.

Ich schaue sie fragend an.

»Kann man immer brauchen.« Sie legt einen Zeigefinger über ihre Lippen, ruft »Ich bin drüben bei Baldur!« in den Flur und wir flitzen zur Tür raus.

Die Vögel zwitschern, als Jo die Tür vom Optiker aufdrückt. Herr Schmidt hat keine Ladenklingel, sondern Bewegungsmelder-Vögel. Ein grüner und ein gelber hocken auf dem Fußboden und zwitschern, wenn die Tür aufgeht.

»Na, ihr Piepmätze«, sagt Jo. Aber die zwei halten schon wieder den Schnabel. Stattdessen raschelt es und Herr Schmidt kommt hinter einem Vorhang hervor. Er bleibt am Tresen stehen – und genau vor ihm, links neben der Kasse, liegt Opas Brille.

»Das ging aber schnell«, sagt Herr Schmidt. »Deine Brille liegt hier noch, Baldur. Ihr habt mir gar keine Zeit gelassen, sie zu putzen.«

»Hallo, Herr Schmidt«, sagen Jo und ich gleichzeitig. Und während ich drei vorsichtige Schritte Richtung Tresen mache, mustert Jo die bunten Sonnenbrillen in dem Glaskasten neben der Tür.

»Oh, die ist aber toll«, ruft sie begeistert. »Ich brauche noch eine Sonnenbrille für den Urlaub. Kann ich die mal probieren?« Jo zeigt mit einer Hand auf eine quietschgelbe Brille, mit der anderen gibt sie mir ein Zeichen: Ich soll meine und Opas Brille austauschen, während sie Herrn Schmidt ablenkt.

»Das ist ja lustig«, sagt Herr Schmidt. »Noch jemand auf der Suche nach einer Sonnenbrille!« Lachend geht er zu Jo, öffnet den Glaskasten und gibt ihr die gelbe Sonnenbrille.

Jo dreht sich vor dem Spiegel hin und her und verwickelt Herrn Schmidt in ein Gespräch, fragt ihn, wie ihr die Brille steht. Ich will schnell die Brillen tauschen und dafür meine eigene aus dem Rucksack holen, aber – Mist – ich finde sie nicht! Wo steckt sie nur? Ich krame hektisch in meinem Rucksack herum, bekomme Stifte, die Haushaltsgummis von Jo und meine Dosen in die Finger – das Brillenetui aber taucht nicht auf. Das gibt es doch nicht! Es muss da sein. Es ist zum Verrücktwerden! Mir wird ganz warm. Ich schiebe meine Hand noch einmal tief in den Rucksack – und atme kurz durch. Ich hab es! Vorsichtig ziehe ich das Etui heraus, da höre ich, wie Herr Schmidt sagt, dass er das gelbe Gestell bei Jo toll findet, es passe gut zu ihrem Gesicht.

Ich drehe mich kurz um. Na ja, ich finde ja, sie sieht damit etwas aus wie der gelbe Bewegungsmelder-Vogel. Sie zwitschert nur nicht so. Jo wirft mir über das Brillengestell einen Blick zu: »Los, mach schon!«, sagt der Blick und ich lege schnell meine eigene Brille auf den Tresen und lasse die von Opa im Rucksack verschwinden. Geschafft! Unauffällig schiele ich noch einmal zu Jo. Sie hat inzwischen ein blaues Gestell auf der Nase und beobachtet mich aus dem Augenwinkel.

»Ach, tut mir leid«, sagt sie zu Herrn Schmidt und nimmt das Brillengestell ab. »Ich kann mich einfach nicht entscheiden. Ich hänge wohl zu oft mit Baldur ab.«

Was????

Ich überlege, ob ich plötzlich was an den Ohren habe, da ruft sie mir zu: »Dieter, lass deine Augen messen, damit du weiter den Durchblick hast. Bis später!« Und zack, ist sie raus aus dem Laden. Oh, Jo!

»Dieter?« Herr Schmidt schaut mich an. Ich zucke nur mit den Schultern. Er nimmt mich dann mit hinter den Vorhang und ich setze mich vor den Messapparat, der aussieht wie ein Robotergesicht. Ich warte immer darauf, dass mir das Ding mal zublinzelt. Tut es aber nie. Während Herr Schmidt an den Augen des Robotergesichts rumdreht, muss ich an Opa denken. Hat der Röntgenmodus auch bei ihm funktioniert? Was hat er damit gesehen?

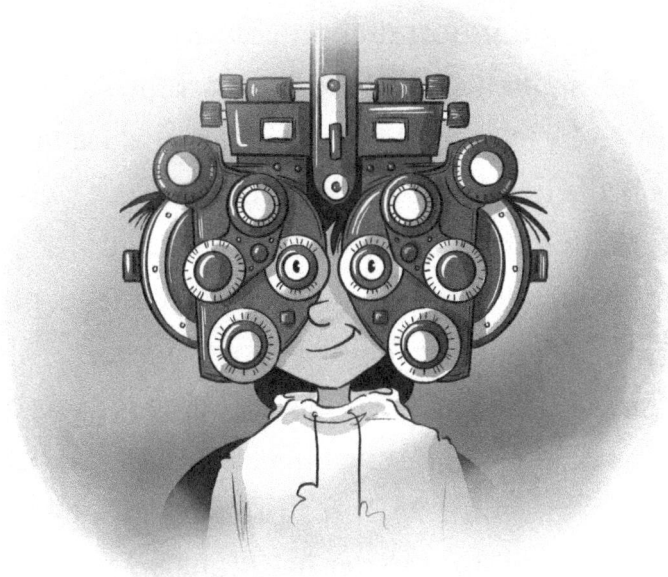

»Alles gut.« Herr Schmidt reißt mich aus meinen Gedanken. »Die Werte haben sich nicht verändert, die Gläser passen noch.«

»Oh, super«, sage ich und rutsche vom Hocker.

»Ich reinige sie noch«, sagt Herr Schmidt, schiebt meine Brille kurz durchs Reinigungsgerät und setzt sie mir direkt auf.

»Danke«, sage ich beim Rausgehen und bin einfach nur froh, dass Opas Brille sicher in meinem Rucksack liegt.

Als ich um zwei Häuserecken herum bin und Herr Schmidt mich garantiert nicht mehr sehen kann, wechsele ich schnell wieder die Brillen. Eine Aktion wie die brauche ich so bald echt nicht mehr! Da habe ich Opas Brille lieber auf der Nase, da habe ich sie wenigstens im Blick. Zurück gehe ich durch die Einkaufsstraße in unserem Viertel und überlege, ob ich noch Materialien für meine Forschungen gebrauchen könnte: ein besonderes Werkzeug aus dem Bastelladen oder eine Flasche Spezialdünger aus dem Blumenladen gegenüber? Dort rumpelt und scheppert es gerade, ein Lkw steht in der Ladezone, zwei Männer

laden frische Blumen aus. Ich betrachte das Logo
auf der Seitenwand, es sieht aus wie ein bunter Comic.
Ich versuche gerade die Schrift zu entziffern, da wird
mir plötzlich schummrig! So schummrig, dass ich
mich an einem Laternenmast festhalten muss. Das
Logo wird heller und heller – oje, es passiert wieder! –,
auf einmal kann ich durch den Transporter
durchsehen!

Auf der anderen Straßenseite läuft ein Junge, er
starrt auf sein Handy und kriegt nicht mit, dass er
gleich in die aufgebauten Blumenständer läuft! Ich
müsste ihn warnen, aber so schnell komme ich gar
nicht über die Straße. Und rufen bringt nichts, weil er
große Kopfhörer aufhat.

WAS KANN ICH DENN TUN???

Ich schaue angestrengt durch das Loch im
Transporter, überlege, ob ich doch laut schreien soll,
denn gleich ist es zu spät! Da sehe ich, wie einer der
Männer den Jungen leicht anstupst und ihn dadurch an
den Blumenständern vorbeilenkt. Puh! Noch mal gut
gegangen. Der Junge guckt verdattert, der Mann winkt
ihm zu und lacht, ich lehne mich an den Laternenmast.
Noch etwas durcheinander, starre ich weiter auf den

Transporter – und kann auf einmal das Logo wieder sehen. Das Loch ist weg.

Mein Gehirn rattert und mir wird abwechselnd warm und kalt. Ich kann es kaum glauben, aber ich glaube, ich bin dem Mechanismus der Brille auf der Spur! Oma wäre fast gestolpert, Jumbo saß im Schacht fest, der Junge wäre beinahe in die Blumen gelaufen – alle waren sie in einer Situation, in der sie Hilfe brauchten! Ist es das, was hinter dem Mechanismus steckt!?

5 Das Loch in der Bande

Am Mittag arbeitet Oma am Esstisch an einer Aufgabe für ihren Englischkurs, während ich im Sessel sitze und mit Opas Brille aus dem Fenster schaue. Ich habe sie aufgesetzt, damit ich ja keine gefährliche Situation mehr verpasse. Zwischendurch dringt leises Gemurmel von Oma an mein Ohr und ich frage mich zum gefühlt millionsten Mal: Weiß sie etwas über die Brille? Ich bin da kein Staubkorn weitergekommen.

»Oma«, sage ich zögerlich.

Keine Reaktion.

»Kann ich dich mal was fragen?«

»Schwierigkeitsstufe 5«, stöhnt Oma. »Die ist heavy.«

»War Opa hilfsbereit?«

Das Gemurmel hört auf. Oma ist still.

»Oh ja. Das war er, Darling«, sagt Oma so leise, dass ich sie kaum verstehe. »Ich wünschte, er wäre hier. Er würde mir sofort bei der Englischaufgabe helfen.«

Ich höre Oma tief Luft holen und warte einen Moment, bevor ich die nächste Frage stelle.

»Hat er auch anderen Menschen geholfen?«

»Klar, den Nachbarn, zum Beispiel. Wir waren ja nicht so viele auf dem Land. Da hat man sich gegenseitig geholfen.«

Oh Mann. Oma antwortet, ohne zu antworten.

»Dein Opa war außerdem ein Meister im Witzeerzählen. Sein Lieblingswitz ging so …« Oma will gerade den Witz erzählen, da klingelt es.

Ich gehe zur Tür. Opas Lieblingswitz kenne ich auswendig. Oma lenkt mal wieder nur vom Thema ab. Warum weicht sie da immer aus? Das ist doch zum … Ich mache die Tür auf und sehe Jo auf den Pedalen stehen und ihr Fahrrad ausbalancieren. Sie ist schon wieder in Startposition.

»Perfekter Zeitpunkt, Jo«, sage ich leicht genervt.

»Mein Timing stimmt eben«, sagt sie und unterstreicht den Satz, indem sie mit ihrer Fahrradklingel klingelt. »Los, heute kommst du mit zum Hockeytraining!«

»Jo!« Oma steht auf einmal neben mir.

»Hello! How are you?«, fragt Jo, springt von den Pedalen und lacht.

»Fine, thank you. Ihr wollt mit den Fahrrädern los? Das ist eine gute Idee. Habt viel Spaß, ihr zwei, tobt euch aus, genießt den Tag! See you later, Baldur.« Oma drückt mich kurz an sich und schiebt mich dann aus dem Haus.

Hallo! Was war das denn? Ist doch nicht so, dass ich keine eigenen Entscheidungen treffen kann, oder!?

Der Zeitpunkt ist aber wirklich nicht schlecht. Aus Oma kriege ich gerade eh nichts Wichtiges heraus, da kann ich genauso gut mit zum Hockeyplatz fahren.

»Ihr Englisch ist schon viel besser«, sagt Jo, während wir auf die Räder steigen. Wir fahren los, biegen in die Parallelstraße ein, Loretta abholen. Als wir ankommen, steht Loretta an die Wand gedrückt vor der Haustür. Lorenzo hat sich vor ihr breitgemacht, bastelt an ihrem Fahrrad herum und schiebt es ihr dann zu.

»Das war echt kompliziert!«, sagt er. »Ich habe es aber hingekriegt, es fährt wieder.« Loretta nimmt das Fahrrad, schaut ihn trotzig an, sagt aber nichts. Wir fahren los, und als uns Lorenzo nicht mehr hören kann, sagt sie: »Schutzblech richten ist kompliziert! So ein Quatsch. A volte è un idiota così fastidioso.« Wenn sie sich aufregt, wechselt Loretta immer ins Italienische.

»Si, basta! Prego, grazie«, ruft Jo. Es sind die einzigen italienischen Worte, die sie kennt. Loretta muss laut lachen. Während wir durchs Viertel fahren, erzählt Jo begeistert von den bunten Sonnenbrillen, die es bei Herrn Schmidt gibt, und will wissen, ob wir ein gelbes oder ein blaues Gestell besser fänden.

»Ein gelbes«, antwortet Loretta, »gelb wie die Sonne im Sommer.«

»Und gelb wie Sonnenblumen«, sagt Jo.

»Und wie mein neuer Badeanzug«, sagt Loretta.

Und wie ein komischer Bewegungsmelder-Vogel, denke ich.

»Und du, Baldur?« Jo schaut mich an, meine Hand rutscht automatisch in meine Hosentasche zu Emil ENT und Waldemar WEDER. Ja, gelbe Blumen sind schön, aber das Meer ist blau und das ist auch schön. Gelb ist fröhlich und macht gute Laune, aber blau beruhigt und das wäre für Jo auch nicht schlecht.

»Im Vergleich zu einem gelben Gestell hat ein blaues ...« Ich will gerade die Argumente für ein blaues Gestell aufzählen, damit Jo eine gute Entscheidungsgrundlage hat, da ruft sie: »Ich nehme das gelbe!«

Okay, danke, dass ich immerhin gefragt wurde, denke ich und trete in die Pedale. Auf dem Weg durch den Park fallen Jo und Loretta weitere Vorteile von gelben Sachen ein und Jo ist total begeistert von ihrer gelben Sonnenbrille, obwohl sie noch gar keine hat.

Als wir beim Hockeyplatz ankommen, verteilt die Mannschaft von Yunus gerade rot-weiße Hütchen auf dem Spielfeld.

»Yunus!!!«, ruft Jo über den ganzen Platz. Yunus dreht sich um und sprintet zu uns rüber.

»Merhaba, Leute!«, begrüßt er uns wie immer und klatscht uns ab. »Super, dass ihr da seid, aber habt ihr nichts Besseres vor in den Ferien?« Er grinst und ich denke kurz an Amrum.

»Ist euer Platz wieder kaputt?«, fragt Loretta.

Wir schauen sie an. Was meint sie?

»Es sieht immer aus wie bei einer Straßensperrung.« Sie zeigt auf die Hütchen. Yunus fängt als Erster an zu lachen, dann lachen wir alle mit. Ich wundere mich etwas über Loretta, sie macht eher selten Witze. Yunus wird auf einmal ernst.

»Leute, es wird richtig spannend! Die Mannschaft vom SC Grün-Gelb hat sich auch für das Turnier qualifiziert. Sie haben im letzten Jahr den Pokal gewonnen. Aber dieses Mal wollen wir ihn!«

Yunus guckt Jo an – mit einem Gesichtsausdruck, als hätte er den Pokal schon in den Händen.

»Natürlich holt ihr den Pokal«, sagt Jo.

»Keine Frage«, sagt Loretta.

»Ich sehe auch Chancen, dass ihr diese Mal …«, sage ich. Weiter komme ich nicht, der Trainer pfeift, Yunus zieht seine langen Strümpfe noch mal richtig über die Schienbeinschoner und rennt zurück aufs Feld. Das Team stellt sich im Kreis auf und steckt die Köpfe zusammen. Ihr Ritual läuft um Welten anders ab als das von Omas Kaffeetreff. Ich muss schmunzeln, weil ich mir vorstelle, wie Oma und ihre Freundinnen um den Esstisch stehen und eine Taktik fürs Kuchenessen besprechen.

Auf dem Feld ist die Besprechung schnell zu Ende, alle rennen los und dribbeln um die Hütchen. Wir beobachten Yunus, wie er rechts, links, rechts, links um die Hütchen kurvt, den Ball immer am Schläger. An einer Stelle verliert er plötzlich die Kontrolle über den Ball und muss ihm über das komplette Feld nachjagen. Kurz vor der Bande auf der anderen Seite holt er den Ball ein und winkt uns zu. Jo und Loretta winken zurück.

Ich kann nicht winken, denn ich fühle mich auf einmal, als wäre ich bei meterhohen Wellen auf einem Schiff. Ich schwanke und muss mich am Geländer festhalten.

Oh nein!

Was kommt jetzt auf mich zu?

Bitte kein Loch im Hockeyfeld! Ich kneife die Augen zusammen, mache sie wieder auf – erkenne diesmal aber nichts Ungewöhnliches. Aus den Augenwinkeln schaue ich Jo und Loretta an, sie haben von meinen Schwankungen zum Glück nichts bemerkt. Sie jubeln Yunus zu, der inzwischen mit dem Ball Richtung Tor sprintet. Während meine Hände weiter das Geländer umklammern, lasse ich meinen Blick über das Feld schweifen. Was soll hier sein? Hier braucht doch niemand Hilfe, oder? War das ein Fehlalarm? Ich will die Brille gerade abnehmen, da löst sich am gegenüberliegenden Spielfeldrand an einer Stelle der Bande die Farbe auf. So als würde sie jemand mit Lösungsmittel wegwischen. Ich schaue angestrengt über das Feld – und da sehe ich ihn! Der Mann liegt auf dem Boden, für alle anderen gut versteckt hinter der Bande mit der Werbung. Was hat er? Ist er gestürzt und kann nicht mehr aufstehen? Ich überlege gerade, wie ich ihm helfen kann, da entdecke ich die blaue Mappe vor ihm. Und in einer Hand hält er ein Fernglas, mit dem er durch einen Spalt das Spielfeld beobachtet. Hier stimmt doch was nicht! Der Mann legt das Fernglas auf einmal zur Seite und schreibt etwas in die Mappe – und da wird mir klar: Er spioniert Yunus' Mannschaft aus! Nicht *er* braucht Hilfe, sondern die Mannschaft! Was hat Yunus vorhin gesagt? Es wird schwierig dieses Jahr, weil die vom SC Grün-Gelb den Pokal verteidigen wollen.

Mir wird ganz heiß.

Ich muss sofort Yunus warnen. Der dribbelt aber wieder um die Hütchen – rechts, links, rechts, links –, die Augen immer auf dem Ball, während sein Trainer ihm und den anderen taktische Tipps zuruft. Streng geheime Anweisungen!

»Yunus ist gut, was?«

Jo haut mir mit einer Hand auf die Schulter.

»Hmmm«, sage ich. »Ich hätte aber noch einen Tipp für ihn.«

»Du? Einen Tipp für Yunus?« Jo lacht laut los. »Du hast doch noch nie einen Hockeyschläger in der Hand gehalten!«

»Jo ...«, sage ich nur und tippe mit einer Hand an Opas Brille. Sie kneift die Augen zusammen, ihre Mundwinkel zucken. Sie weiß nicht, was sie von der Sache halten soll. »Es ist wichtig. Fast so wichtig wie die Staubforschung«, sage ich. Da nimmt Jo vier Finger in den Mund und pfeift darauf so laut, dass sich die halbe Mannschaft zu uns umdreht.

Hoffentlich haut der Typ jetzt nicht ab!

Jo gibt Yunus ein Zeichen, er kommt angelaufen und fragt außer Atem: »Was ist denn?«

Erwartungsvoll guckt Jo mich an: »Los, sag schon!«

Mir wird noch heißer. Ich muss irgendwie erklären, was ich gesehen habe, ohne zu erklären, wie ich es gesehen habe.

»Yunus«, sage ich, »frag mich nicht, woher ...«

»Was denn?«, fragt Yunus ungeduldig, er will schnell weitertrainieren. Emil ENT und Waldemar WEDER können jetzt nicht helfen, das dauert zu lange. Also hole ich Luft und sage:

»... da drüben liegt ein Mann hinter der Bande. Er hat ein Fernglas und schreibt etwas in eine Mappe. Ich glaube, er spioniert euch aus.« Es ist raus. Es gibt kein Zurück. Hoffentlich stimmt das. Hoffentlich habe ich die richtige Entscheidung ...

»Lauf!!!«, schreit Jo Yunus an und Yunus sprintet zurück aufs Feld. Er läuft um zwei Hütchen, holt auf einmal völlig überraschend mit dem Schläger aus und schlägt den Ball mit Wucht auf die andere Seite, wo er gegen die Bande donnert. Der Mann erschrickt, rappelt sich hoch und klemmt sich hastig die Mappe unter den Arm.

»Hey«, ruft Yunus. »Was machen Sie hier?«

Der Mann macht zwei schnelle Schritte, er will

abhauen. Yunus lässt seinen Schläger fallen und rast los. Sein Trainer rennt ihm hinterher, neben mir hüpft Jo am Geländer auf und ab, Loretta tritt vor Aufregung von einem Fuß auf den anderen. Auf dem Feld dribbelt niemand mehr um Hütchen. Alle schauen Yunus hinterher.

»Halt, stehen bleiben«, ruft der und springt gleichzeitig mit seinem Trainer über die Bande. Es gibt ein Gerangel und Geschrei, Wortfetzen dringen zu uns rüber, irgendwann löst sich das Knäuel auf und Yunus' Trainer schiebt den Mann in die Umkleidekabinen. Ich beobachte das alles und komme mir vor, als sei ich in einem Agentenfilm gelandet. Es ist alles dabei: Verfolgungsjagd, Spionage, Rangelei, ein halb gutes Versteck. Fehlt nur noch, dass gleich Laserstrahlen über das Hockeyfeld zucken und ein Hockeyschläger explodiert, weil er in Wahrheit eine Geheimwaffe ist.

»Baldur, ich glaub's nicht!« Yunus steht auf einmal vor mir, völlig aufgelöst. »Das war der Trainer von Grün-Gelb! Er hat uns tatsächlich ausspioniert.«

Okay, gut. Also nicht gut, aber es ging gut aus. Loretta hält still, sie trippelt nicht mehr herum und Jo haut mir mal wieder auf die Schulter.

»Was du alles entdeckst«, sagt sie und schaut dabei sehr genau auf Opas Brille. Dann wechselt sie schnell das Thema und diskutiert mit Loretta und Yunus über den Spion. Ich atme zwei-, dreimal durch und kurz darauf stapft Yunus' Trainer auf uns zu.

»Unglaublich!«, schimpft er aufgebracht. »Die schrecken vor nichts zurück. Den Gegner beim Training ausspionieren! Unfairer geht es nicht. Gut, dass du den Typen hinter der Bande entdeckt hast, Yunus.«

Yunus guckt irritiert. »Äh, ich war das nicht. Das war Baldur.« Er legt einen Arm um meine Schultern und drückt mich an sich wie ein Kuscheltier. »Ich habe meinen Ball an die Bande geschossen, weil Baldur gesehen hat, dass da jemand liegt.«

Der Trainer strahlt mich an.

»Baldur! Was für ein Glück, dass du heute hier bist. Und vor allem, dass du so gute Augen hast. Wahnsinn. Wir hätten nie herausgefunden, dass Grün-Gelb uns mit so einem unsportlichen Verhalten betrügt. Du bist beim Turnier am Sonntag natürlich unser Ehrengast!« Er haut mir auch auf die Schulter, aber das bin ich ja gewohnt. Im Gegensatz zu einer Ernennung zum Ehrengast. Ehrengast war ich noch nie und irgendwie habe ich das Gefühl, dass ich dabei Unterstützung brauchen könnte.

»Sind Loretta und Jo auch eingeladen?«, frage ich.

»Klar, ihr seid alle unsere Ehrengäste«, sagt der Trainer. »Und Baldur, willst du nicht mal mittrainieren? Du musst der perfekte Torwart sein mit deinen Augen!« Er lacht.

Oh nein. Torwart. Da muss man sich doch immer so schnell für eine Ecke entscheiden. Links, rechts, oben, unten ... Wie soll ich das denn machen? Und Emil ENT und Waldemar WEDER kann ich im Tor wohl kaum einsetzen.

»Ich fänd's super!«, sagt Yunus.

Ich überlege noch, wie ich aus der Nummer rauskomme, da haut mir der Trainer wieder auf die Schulter und geht Richtung Vereinsheim. »Die Abschlussbesprechung fällt heute aus«, ruft er Yunus noch zu.

Yunus holt schnell seine Sporttasche und wir fahren alle zusammen zurück. Während der Fahrt ist Yunus total aufgedreht, er redet die ganze Zeit von dem Spion, der Mappe und dem Fernglas, ob das ein besonderes Fernglas war, vielleicht hat er damit auch alles gefilmt,

und wer weiß, was in seiner Mappe noch steht. Jo
überlegt sich eine Strafe für ihn, er soll seinen
Trainerschein abgeben, eine Geldstrafe zahlen,
vielleicht ein paar Tage ins Gefängnis oder er muss für
immer das Vereinsheim putzen und sein Team ist
natürlich für das Turnier gesperrt.

Am Eckhaus biegt Loretta winkend in die Parallelstraße
ab, Yunus zieht sein Schlüsselband heraus und springt
vom Fahrrad. »Tschüss«, rufen Jo und ich gleichzeitig
und fahren weiter. »Ich freue mich schon auf das
Turnier«, ruft uns Yunus noch hinterher. »Solange
du unser Ehrengast bist, Baldur, kann ja nichts
schiefgehen.« Beim Blick über die Schulter sehe ich,
wie er lächelt.

Seit heute bin ich wohl so etwas wie das
Maskottchen des Hockeyteams.

Als ich die Haustür aufschließe, dringt Gemurmel an
mein Ohr. Der Fernseher läuft. Ich gehe Richtung
Wohnzimmer und traue meinen Augen nicht! Aber es
hat diesmal ABSOLUT NICHTS mit Opas Brille zu tun.
Oma hat es sich auf dem Sofa gemütlich gemacht –

sie guckt eine Krankenhausserie! Dabei hat sie einen Horror vor Krankenhäusern. Sie kann Menschen nicht leiden sehen, die blassen Wandfarben in den Kliniken machen sie krank, sagt sie, der Geruch auch und alle sind so ruhig und niemand lacht laut. Und nun liegt sie da entspannt und sieht einem jungen Arzt im Operationssaal zu. Warum macht sie das?

Ich bleibe im Durchgang zum Wohnzimmer stehen. Das hätte ich auch nicht gedacht, dass ich vom Agentenfilm direkt in der Krankenhausserie lande. Aufmerksam beobachte ich den Arzt. »Tupfer«, sagt er. Und: »Schneller, Schwester Sabine.« Es sieht dramatisch aus, das sehe ich selbst aus der Entfernung.

»Operieren die am Herzen?«, frage ich nach einiger Zeit.

»Baldur!« Oma dreht sich um und guckt mich überrascht an. »Seit wann bist du da?«, fragt sie.

»Seit wann guckst du Krankenhausserien?«, frage ich zurück.

Sie lacht. »Och, manchmal. Nach zehn Minuten Arztserie weiß ich wieder, wie gut es mir geht. Und die Ärzte sind dort immer sooo nett.« Oma legt einen Zeigefinger über ihre Lippen und flüstert: »Aber nichts deiner Mama verraten. Sie sieht ja nur, was die im Fernsehen alles falsch machen.«

Ich glaube es nicht. Oma hat auch ein Geheimnis vor Mama!

Warum? Im Gegensatz zu meiner Staubsammlung würde Mama den Fernseher ja nicht in den Müll werfen. Ich schaue dem Arzt und den Schwestern im OP zu, alle sind sehr ernst und sehr beschäftigt.

»Komm! Setz dich zu mir«, sagt Oma und ich rutsche neben sie auf das Sofa.

»Er muss gerade sehr vorsichtig arbeiten und sich seiner Sache ganz sicher sein.« Oma sagt das mehr zu dem Arzt im Fernseher als zu mir.

»Warum guckst du das?«, frage ich sie. »Du magst Krankenhäuser doch gar nicht.«

Oma starrt auf den Bildschirm. Sie sagt erst einmal nichts. Und dann, nach einer kleinen Pause, sagt sie leise: »Der Arzt erinnert mich an deinen Opa.«

»Er erinnert dich an Opa?«

Oma legt einen Arm um mich.

»Als dein Opa etwa so jung war wie der Arzt in der Serie, hat er auch in einem Krankenhaus gearbeitet. Ich habe ihn dort kennengelernt, als ich mir den Arm gebrochen hatte. Jetzt muss das aber abgeklemmt werden!« Oma spricht wieder zu dem Arzt im Fernseher. Ich verstehe gar nichts mehr. Ich dachte, Opa war Maler. Auf dem Dachboden sind doch die Bilder von ihm.

»Das muss schneller gehen.« Oma klingt, als wäre sie die OP-Schwester. Ich schaue sie an.

»Opa war doch Maler«, sage ich.

»Nicht immer«, sagt Oma.

»Wie, nicht immer?«

»Er war eigentlich Arzt.«

»Eigentlich Arzt?«

»Ja, einige Zeit, bevor du auf die Welt kamst, hat er im Krankenhaus aufgehört.«

»Im Krankenhaus aufgehört?« Ich merke, dass ich die Sätze von Oma einfach wiederhole, und komme mir dabei ziemlich blöd vor. Aber meine Gedanken kommen gerade nicht hinterher.

»Warum?«, frage ich.

»Es war so …« Oma verstummt, sie schaut dem Arzt im Fernseher weiter zu, der hektisch neue Geräte einsetzt. »Es gab da so eine Situation«, erzählt sie schließlich weiter und ihre Stimme klingt wie von ganz weit weg, »da hätte er seinem Gefühl vertrauen sollen. Er musste sehr schnell eine Entscheidung ...«

»Hallo! Jemand da?« Mama ruft durch den Hausflur.

»Oh«, sagt Oma leise, nimmt die Fernbedienung und schaltet auf ein anderes Programm um. Wir schauen einer Elefantenherde an einem Wasserloch zu.

6 Lorenzo und die Limo

Nachdem Mama zu Hause war, habe ich nichts mehr aus Oma herausbekommen. Selbst als Mama gekocht und laut mit Töpfen und Pfannen geklappert hat, wollte Oma mir nichts mehr von Opa und der Entscheidung erzählen. Sie sagte nur »ein anderes Mal«.

Tja, auf dieses andere Mal warte ich seit gestern. Aber weil ich noch andere Aufgaben zu erledigen habe und nicht bloß warten kann, fahre ich heute mit dem Fahrrad durch unser Wohnviertel. Ich stoppe an Vorgärten, betrachte Blumen und sammele Blütenstaub ein. Ich will ihn untersuchen und

herausfinden, wie Blütenstaub zusammengesetzt
ist, denn darauf reagieren Menschen auch allergisch
und vielleicht gibt es ja eine Verbindung zu Jos
Hausstauballergie. Einen Unterschied gibt es auf
jeden Fall: Bei einer Hausstauballergie reagiert man
auf den Kot von Hausstaubmilben. Also, um es
deutlich zu sagen: auf mikroskopisch kleine
Insektenkacke. Die kann überall sein: im Bett, in den
Vorhängen, auf Teppichen. Aber auf Blüten sitzen
ja häufig auch Insekten, und wenn die, während
sie da sitzen … ihr wisst schon. Könnte doch sein,
dass es da Ähnlichkeiten gibt, die einfach noch
nie jemand untersucht hat. Also bin ich unterwegs
auf Blütenstaubmission. Ich habe Opas Brille auf –
man weiß nie, was kommt – und fahre Richtung
Eckhaus.

»Merhaba, Baldur!«, ruft da eine bekannte Stimme.
Yunus steht mit seinem Vater vor dem Haus, ich halte
bei ihnen an. Sie waren offenbar einkaufen, denn
Yunus hat eine neue Sporttasche in der Hand.

»Und, wie findest du sie?«, fragt er. Ich betrachte die
Tasche, betrachte die Tasche, betrachte die Tasche –
und sage dann: »Die Farbe finde ich schön.«

Yunus lacht mich an. »Finde ich auch! Deshalb habe ich mir die ausgesucht.« Er streicht kurz über seine neue Tasche. Sein Vater lächelt.

»Bis später!« Yunus winkt. »Vielleicht mal nach dem Hockeytraining?«

»Ja, vielleicht.« Ich zucke mit den Schultern. Eigentlich müsste ich später den Blütenstaub untersuchen und mit den Staubproben vom Dachboden vergleichen.

Als Yunus mit seinem Vater im Haus verschwindet, fahre ich weiter und biege in die Straße von Loretta ab, vor ihrem Haus wachsen ganz besonders viele Blumen, Lorettas Mutter pflanzt immer ganz viel. Schon von Weitem sehe ich Loretta durch den Vorgarten hüpfen. Ich stelle mein Fahrrad am Gartenzaun ab und erkenne, dass sie einen Faden durchs Gras zieht. Jumbo springt ihm hinterher.

»Hallo, Baldur!«, ruft Loretta. »Komm, mach mit!«

Auf dem Weg zu ihr kommt mir Lorenzo mit einem Karton entgegen. »Hi«, sage ich.

Er nickt nur kurz, und während Loretta und ich mit Jumbo spielen, trägt Lorenzo weitere Kartons aus dem Haus. Ab und zu ruft sein Vater etwas durch den Flur.

»Sie räumen den Keller auf«, erklärt mir Loretta. »Ich muss nicht helfen. Ich bin dafür zu schwach, sagt Lorenzo.« Sie verzieht das Gesicht, ich mache es ihr nach. Dann sagt sie: »Aber mit Jumbo zu spielen macht sowieso mehr Spaß. Ich versuche, ihr ein paar Tricks beizubringen.«

Eine Weile rennen wir gemeinsam durch den Garten, Jumbo hüpft hinter uns und dem Faden her. Es macht wirklich Spaß, so viel Spaß, dass ich beinahe meine Blütenstaubmission vergessen hätte!

Ich sammle in Lorettas Garten schnell ein paar Blüten – für Forschungszwecke muss das mal erlaubt sein – rufe »Ich muss los« und gehe zu meinem Fahrrad. Gerade als ich aufsteigen will, schwanke ich leicht.

Was ist jetzt? Kann ich überhaupt nicht mehr aus dem Haus, ohne dass etwas passiert?

Ich denke an Jumbo im Schacht und schaue zurück in den Garten: Jumbo ist noch da! Sie springt weiter dem Faden hinterher. Ich kneife die Augen zusammen, und als ich sie wieder öffne, steht Lorenzo vor mir. In einer Hand hält er eine verbeulte Limonadendose aus dem Keller. Ich ahne inzwischen, was kommt – und tatsächlich: Im nächsten Moment kann ich in die Dose hineinschauen! Eine grün schimmernde, ölige Flüssigkeit schwappt darin. Wenn das Limonade ist, sind meine Staubknäuel Hochgebirge! Ich schaue Lorenzo an, Lorenzo schaut mich an. Er hebt die Dose an seinen Mund, legt seinen Kopf in den Nacken und macht den Mund weit auf …

Nein!

Mit einer schnellen Bewegung ziehe ich meinen Rucksack vom Rücken, mache einen Schritt auf ihn zu

und schlage ihm mit dem Rucksack die Dose aus der Hand. In hohem Bogen fliegt sie auf den Gehweg, schlägt mit einem dumpfen Geräusch auf und die schimmernde Brühe läuft heraus.

»Geht's noch!« Lorenzo baut sich vor mir auf. Sein Gesicht bekommt eine Farbe wie Tomatensoße. »Was stimmt bei dir nicht? Du bist ja …«

»Da war Farbe und Lösungsmittel drin. Du hättest dich …«

»Non dire sciocchezze. Erzähl keinen Quatsch! Non credo che. Das glaube ich nicht.« Auch Lorenzo spricht Italienisch, wenn er sich aufregt.

»Baldur hat recht.« Loretta steht plötzlich neben mir. Ihre Finger spielen nervös mit dem Faden.

»Was soll das heißen, er hat recht? Was weißt du denn?«, faucht Lorenzo sie an.

»Ich weiß, dass das keine Limo ist!«, sagt Loretta laut und zeigt auf die ausgelaufene Flüssigkeit. Lorenzo macht einen Schritt nach vorne, schaut sich alles genauer an. Einen kurzen Moment ist er still.

»Na und?«, sagt er. »Das hätte mir nichts ausgemacht.«

»Ja, klar, du bist ja unbesiegbar und weißt immer

alles besser.« Loretta macht einen Schritt auf ihren großen Bruder zu, die Hände hat sie in die Hüften gestemmt. »Du könntest dich wenigstens bei Baldur bedanken.«

Lorenzos Gesicht wechselt die Farbe. Es wird grün schimmernd wie die Brühe, die sich vor unseren Füßen ausbreitet. »Grazie? Für was denn? Che mi ha quasi ferito con il suo zaino? Dass er mich fast verletzt hätte mit seinem Rucksack?« Lorenzo stapft in den Hausflur zurück.

»Lorenzo, du bist so unfair!«, ruft Loretta ihm nach.

»Ist okay«, sage ich verdutzt zu Loretta und beobachte sie unauffällig. Sie hat ihren Bruder noch nie so angeschnauzt. Vielleicht kann der Blütenstaub ja doch noch ein bisschen warten. »Fährst du noch eine Runde Fahrrad mit?«, frage ich sie. Loretta schaut in Richtung Jumbo, die sich in den Hausflur verkrochen hat und dort mit einem kleinen Ball spielt.

»Si, claro«, sagt Loretta und wir fahren noch etwas durchs Viertel.

Es ist still im Haus, als ich von meiner Mission zurückkomme.

»Hallo«, rufe ich im Flur. Niemand antwortet. Papa müsste aber da sein. Ich gehe zu seinem Arbeitszimmer und schiebe vorsichtig die Tür auf, er dreht sich um, schaut mich an und taucht langsam aus seiner Welt auf.

»Baldur«, sagt er. »Ich muss arbeiten.« Hm. Das sehe ich, denke ich. »Oma ist bei ihren Freundinnen«, sagt er noch, bevor er wieder in seinem Bildschirm verschwindet. Ich ziehe die Tür wieder zu und stelle fest, dass dies ein ziemlich günstiger Moment ist! Papa kriegt nicht viel mit, Mama und Oma sind aus dem Haus. Und ich muss laut meinem Plan ja auch noch mal an den Anfang.

Ich zähle zur Sicherheit bis zehn und schleiche mich die Treppe zum Dachboden hoch. Als ich die Tür öffne, wirbelt Staub auf, aber er interessiert mich im Moment nicht. Ich gehe an Opas Mantel, schiebe meine Hand tief in die Manteltasche – und fühle ein Papier! Ich halte die Luft an.

Vielleicht ist das der entscheidende Hinweis!

Langsam ziehe ich den Zettel heraus, er ist ganz zusammengeknüllt. Ich stecke ihn tief in meine Hosentasche und schleiche wieder in mein Zimmer. Sollte ich tatsächlich die Gebrauchsanweisung für die Brille gefunden haben? Offenbart sie jetzt ihr Geheimnis? Vorsichtig falte ich das Papier auseinander.

Winzige Zeichen stehen darauf, es könnten kleine Buchstaben sein, wie die beim Optiker Schmidt. Und dann ist da noch eine Zahl. Die Dioptrienzahl. Ich schaue genau auf den Zettel. Und mir wird ganz schummrig. Zur Sicherheit schaue ich noch ein bisschen länger drauf ... Es ist tatsächlich die gleiche Zahl wie bei mir! Nur was bedeuten die Buchstaben, wenn es überhaupt welche sind? Ich nehme Opas Brille ab und hole meine große Lupe. Selbst damit kann ich die Zeichen aber nicht entziffern. Was bedeutet das? Ich will gerade meine Handy holen und alles abfotografieren, da höre ich Papa aus seinem Arbeitszimmer kommen.

Mist!

Hoffentlich kommt er nicht in mein Zimmer. Ich muss den Zettel verschwinden lassen! Und Opas Brille am besten auch. Hektisch ziehe ich die Schreibtischschublade auf, greife nach dem Zettel, will ihn schnell verstecken, stoße dabei mit dem Ellbogen gegen meine Schreibtischlampe, sie fällt um – und: direkt auf Opas Brille drauf. Oh nein! Das darf nicht wahr sein.

»Baldur? Alles okay?« Ich drehe mich um. Papa steht in der Tür.

»Jjjjaaa«, stottere ich und verdecke so gut es geht mit meinem Rücken den Schreibtisch. »Ich bin nur gegen die Lampe gestoßen. Alles okay.«

»Ich mache bald Abendessen«, sagt Papa.

»Gut«, sage ich und habe nur Opas Brille im Kopf. Hoffentlich ist sie nicht kaputt! Hoffentlich ist den Gläsern nichts passiert! Als ich höre, wie Papa die Treppe runtergeht, schaue ich sofort nach Opas Brille.

Nichts ist okay. Es ist das Schlimmste passiert, was hätte passieren können! Es ist die Megakatastrophe. Durch beide Gläser zieht sich ein dicker Sprung!

So kann ich sie nicht aufsetzen. Mama würde mich direkt wieder zum Optiker Schmidt schicken. Und überhaupt: Vielleicht funktioniert die Brille ja gar nicht

mehr. Womöglich ist der Mechanismus kaputt!? Wie kriege ich das denn heraus? Was mache ich nur?

Oh Mann!

Ich sitze eine Weile an meinem Schreibtisch und starre die kaputte Brille an. Irgendwann suche ich in meinen Schubladen Klebstoff, Klebeband, Klebestifte – einfach alles, womit man etwas kleben kann.

»Baldur!!!« BBDS Stufe 13. Mama muss in der Zwischenzeit nach Hause gekommen sein. Hilft kleben überhaupt? Am Ende mache ich die Gläser mit Kleber nur noch mehr kaputt? Ich muss die Brille erst einmal verstecken.

»Baldur!!!!« Stufe 14. Jetzt schnell.

Ich lege die Brille und den Zettel in eine größere Dose, schiebe diese tief in die Schreibtischschublade und flitze nach unten.

7 Jo und Asthma

Am nächsten Morgen brauchen meine Gehirnzellen
sehr lange, bis sie richtig funktionieren. Ich bin total
müde, denn ich hab den ganzen Abend hin und her
überlegt, ob ich die Risse im Glas kleben soll oder nicht,
bin aber zu keiner Entscheidung gekommen. Auch
Emil ENT und Waldemar WEDER waren ratlos, was
extrem selten ist. Als Nächstes habe ich über die
winzigen Zeichen nachgedacht. Auch das ohne
Erfolg. Die Sache bleibt einfach sehr mysteriös, ein
riesengroßes Fragezeichen in meinem Kopf. Damit
ich wenigstens irgendwo irgendeinen Fortschritt
mache, setze ich mich nach dem Frühstück an meine
Staubsammlung. Ich nehme zwei Gläser aus dem Regal,
betrachte einzelne Staubknäuel unter dem Mikroskop,

notiere Auffälligkeiten, erstelle Kategorien, mache Fotos und überlege mir ein Ordnungssystem für den Blütenstaub.

Am Nachmittag klingelt Jo. Wir wollen mit den Fahrrädern zum Park, zu den Spindelstrauch-Gärten und von da zum Hockeyplatz. Vorher holen wir Loretta ab. Sie fährt mit, um Lorenzo zu entkommen, sagt sie.

Wir sind kurz vor den Schrebergärten, da ruft Jo: »Hey, guckt mal!« Sie zeigt mit einer Hand in den Himmel. Über uns segelt ein roter Luftballon, an seiner Schnur hängt eine Karte.

»Da ist eine Botschaft dran. Die ist bestimmt von einem Kind!« Jo tritt in die Pedale und fährt dem Ballon hinterher, während Loretta und ich lachend Jo und dem Ballon hinterherdüsen. Der Ballon wird vom Wind weitergetrieben, steigt hoch, verliert wieder an Höhe, sinkt etwas. Langsam wackelnd fliegt er zum Dach einer alten Hütte, die mal zu den Gärten gehörte, heute aber von niemandem mehr genutzt wird. Nach der nächsten Biegung wirft Jo plötzlich ihr Fahrrad ins Gras, ruft: »Juhu, jetzt kriege ich ihn!«, und rennt los.

Loretta und ich bleiben an Jos Fahrrad stehen und schauen ihr nach.

Irgendwo am Dach hat sich die Schnur des Ballons verhakt. Ist klar, dass Jo dahin will. Sie schlägt sich durch das dichte Gebüsch zur Hütte durch, wir sehen die Zweige wackeln und immer wieder ihr rotes T-Shirt aufblitzen. Auf einmal taucht sie unterhalb des Hüttendachs auf, dann ist sie wieder verschwunden.

»Den kriegt sie nicht.« Hinter uns meckert jemand.

Loretta stöhnt kurz auf. »Non di nuovo. Nicht schon wieder«, murmelt sie. Ein Geräusch lässt uns nach oben schauen, eine Taube flattert über unsere Köpfe, bei der Hütte rumpelt es und wir hören Jo fluchen.

»Was hat sie?«, frage ich eher mich selbst als Loretta.

»Ich sehe sie nicht«, sagt Loretta.

»Was soll sie haben? Sie schafft es halt nicht«, lästert Lorenzo.

»Jo, alles okay bei dir?«, ruft Loretta laut in Richtung Hütte. Von Jo kommt keine Antwort. Wir sehen nur den Ballon wackeln, der kurz darauf wieder in den Himmel fliegt.

»Jo?«, rufen Loretta und ich gleichzeitig. Keine Antwort.

Ich bin mir nicht sicher, überhaupt nicht, aber irgendetwas fühlt sich nicht gut an. Ich denke kurz an Opas Brille. Warum musste sie ausgerechnet gestern kaputtgehen? Und wo kommt das komische Gefühl her? Ich drehe mich irritiert um – mein Blick fällt auf Jos Fahrrad im Gras und ihren Umhängebeutel. Sie hat heute ihren Umhängebeutel dabei! Das Asthmaspray!

Ich bin mir null sicher, was mit Jo los ist, weiß aber auf einmal genau, was ich zu tun habe. Ganz ohne

Brille oder magischen Durchblick. Ich stürze zu Jos Fahrrad, reiße ihren Beutel an mich, nehme das Asthmaspray heraus und renne zum Gebüsch.

»Ich komme mit!«, ruft Loretta und läuft mir hinterher.

»Was willst du denn …«, höre ich Lorenzo noch rufen, da schieben Loretta und ich uns bereits durch die Zweige. Wir laufen um die baufällige Hütte herum auf die andere Seite – und hier sehen wir Jo! Zusammengekauert sitzt sie auf dem Dach, ab und zu hustet sie. Aus einem Loch im Dach flattert wieder eine Taube.

»Jo, wir sind gleich bei dir!«, rufe ich und checke schnell, wie stabil die alten Kisten vor mir sind. Oder komme ich an der Seite besser aufs Dach? Ich will gerade um die Ecke laufen, da kracht es an dem kleinen Geräteschuppen neben der Hütte. Wo ist eigentlich Loretta?

»Loretta?«

»Hier ist eine Leiter!«, ruft sie. Ich laufe zum Schuppen. Vor der Tür steht Loretta, in den Händen hält sie einen schweren Stein. Sie hat damit das alte Türschloss zertrümmert, es fällt fast aus der

Verankerung. Loretta strahlt irgendwie und ich habe das Gefühl, sie ist mindestens fünf Zentimeter gewachsen.

»Da ist eine Leiter drin«, sagt sie noch einmal und drückt die Tür ganz auf.

»Super! Dann los«, sage ich. Wir schnappen uns die Leiter, tragen sie zur Hütte, lehnen sie an die Wand. Loretta hält die Leiter fest, ich prüfe kurz, ob Jos Spray sicher in meiner Hosentasche steckt, und steige auf das Dach. Da oben sitzt Jo wie ein verschrecktes Tier, fast wie Jumbo, als sie im Schacht festsaß. Jo ringt aber auch nach Luft! Ich drücke ihr sofort das Spray in die Hand, sie nimmt es mit zittrigen Händen, gibt damit zwei, drei Stöße in ihren Mund ab – und atmet tief durch. Ihr Gesicht entspannt sich. Ich setze mich vorsichtig neben sie, höre mein Herz klopfen und Jos ruhiger werdenden Atem. Wir sitzen einfach da. Aus dem Loch im Dach flattert noch eine Taube, sie verliert eine Feder.

»Alles okay?«, ruft Loretta von unten.

»Alles gut!«, rufe ich zurück. »Wir kommen gleich.«

»Danke«, sagt Jo leise.

»Schon okay«, sage ich.

Dann sitzen wir wieder nur da. Auf einmal habe ich eine Postkarte vor der Nase. Ich schaue Jo an, ihre Augen leuchten wieder.

»Ich habe sie«, sagt sie.

Ich hätte es mir denken können.

»Jo, du bist ...«

»Wo kommt sie her?«, fragt Jo.

Ich nehme die Karte und drehe sie hin und her. »Keine Ahnung«, sage ich. »Es ist ein Preisausschreiben, von einem Reiseveranstalter.«

»Und? Was kann man gewinnen?«

Ich starre auf die Karte. Und traue meinen Augen kaum.

»Baldur?« Jo stupst mich leicht an. »Was kann man gewinnen?«

»Einen Urlaub auf Amrum.«

Jo grinst mich an. »Na also, es gibt Amrum noch!«

Ich sage nichts. Ich denke an Opas Brille, die mit gebrochenen Gläsern in meiner Schublade liegt. Mir wird ganz warm. Oder ist das die Hitze auf dem Dach?

»Komm, Loretta wartet unten«, sage ich und strecke Jo eine Hand entgegen.

»Geht schon.« Sie rappelt sich auf. Und reckt wie zum Beweis einen Arm in die Luft. Sieht aus wie eine Siegerpose. Ihr Spray hält Jo trotzdem die ganze Zeit fest in einer Hand.

»Alles okay?«, fragt Loretta, als wir unten ankommen, sie schaut Jo besorgt an. Als Jo nickt und lächelt, fällt sie ihr um den Hals. Loretta erzählt, dass sie in der Zwischenzeit im Krankenhaus angerufen hat und mit Mama gesprochen hat. Sie weiß, was passiert ist und dass es Jo gut geht. Sie schaut später nach ihr.

»Danke, Loretta!«, sage ich, ziehe die Karte hervor und halte sie Jo hin. »Hier, hast du ja unter großem Einsatz vom Dach gerettet.«

»Schenk ich dir«, sagt Jo und grinst wieder.

»Kommt sie von weit her?«, fragt Loretta. Jo und ich gucken uns an.

»Nicht wirklich«, sagt Jo. »Sie kommt von einem Reiseveranstalter. Man kann eine Reise nach Amrum gewinnen.«

»Och, Italien fände ich besser«, sagt Loretta.

Ich stecke die Postkarte wieder in meine Hosentasche und wir gehen zu den Fahrrädern.

Lorenzo steht immer noch dort. »Bravo, da kommen ja die Lebensretter«, sagt er und spielt dabei auf seinem Handy herum.

»Lorenzo, basta! Sei einfach still«, faucht Loretta ihn an. Da schaut er seine Schwester mit großen Augen an, macht den Mund auf, sagt aber nichts. Stattdessen steigt er auf sein Fahrrad und fährt los. Loretta schimpft ihm auf Italienisch hinterher. Auf einmal fragt sie: »Das Training von Yunus fängt gleich an, oder?«

»Ja, eigentlich schon«, sagt Jo. »Ich will aber erst mal nach Hause.« Ich mustere Jo von der Seite. Normalerweise hätte sie gedrängelt, dass wir zum Hockeyplatz weiterfahren. Heute Nachmittag ist irgendwie alles anders.

»Ich fahre auch heim«, sage ich, weil ich Jo nicht alleine lassen will.

»Okay, dann muss ich Yunus wohl für uns alle anfeuern.« Loretta lächelt leicht, steigt auf ihr Fahrrad und fährt Richtung Hockeyplatz. Jo und ich schieben still die Räder nach Hause. In unserer Straße warte ich, bis Jo an der Haustür ist. »Danke«, sagt sie noch einmal, winkt kurz und geht rein.

Als ich bei uns die Tür aufmache, kommt mir Papa entgegen.

»Hast du Hunger? Es gibt Schmorbraten, ich habe ihn gerade in den Ofen geschoben. Mama müsste auch bald kommen.« Schmorbraten? Ist nicht sein Ernst! Außerdem ist mein Kopf echt mit anderen Dingen beschäftigt.

»Hallo, Papa«, sage ich und gehe ins Wohnzimmer. Ich lasse mich auf einen Stuhl sinken, atme tief aus und lege die Karte vom Luftballon auf den Esstisch. Oma kommt um die Ecke.

»My dear, alles okay?« Sie schaut mich an. »Was habt ihr gemacht? Du hast ganz rote Wangen.«

Sie setzt sich zu mir und entdeckt die Karte.

»Amrum! Wie schön. Davon hat dein Opa immer geträumt.«

Opa hat von Amrum geträumt?

»Er wollte so gern ein paar Jahre auf der Insel leben und dort Bilder malen!«, sagt Oma.

Langsam wird mir das alles etwas unheimlich.

»Wo hast du die Karte her, Baldur? Komm, wir machen das Rätsel! Vielleicht gewinnen wir!« Oma strahlt mich an und zwinkert mir zu. Ich bin mir immer noch nicht sicher: Weiß sie etwas über die Brille? Über das Loch in der Karte? An der Stelle, an der Amrum …

»Hallo, zusammen!« Die Haustür fällt zu, Mama kommt ins Wohnzimmer. Sie nimmt mich in den Arm. »Super, dass ihr so schnell reagiert habt!«, sagt sie. »Das ist so wichtig in der Situation. Bestimmt haben die Anstrengung und der Dreck auf dem Dach einen Schub bei Jo ausgelöst.«

Papa kommt aus der Küche.

»Was war denn los? Bin ich der Einzige, der hier gerade nichts kapiert?«

»Ja, was war denn überhaupt los?«, fragt auch Oma.

»Das kann euch Baldur erzählen«, sagt Mama. »Ich gehe mal zu Jo rüber.«

Papa setzt sich mit an den Tisch und ich erzähle von unserem Rettungseinsatz. Die beiden hören gespannt zu. Oma macht aufgeregt »Oh!« und »Ah!« und »Unbelievable«, für sie bin ich zum zweiten Mal diese Woche ein Held. Auch Papa ist begeistert und klopft mir lobend auf die Schulter. Ich muss aufpassen, dass ich da keinen Haltungsschaden kriege.

»Dann müssen wir ja nur noch das Lösungswort finden«, sagt Oma und schiebt das Preisrätsel auf dem Tisch zwischen uns. Sie atmet tief aus. »So ein bisschen rätseln entspannt außerdem nach all der Aufregung.«

Was hat sie? Ich dachte, sie kann nicht genug »Action« haben.

Als Mama von Jo zurückkommt, gibt es Abendessen. Papa verteilt den Schmorbraten.

»Baldur, ein extragroßes Stück?«

»Ich möchte keinen Braten«, sage ich. »Aber kann ich viel Soße haben?«

»Klar«, sagt Papa und schöpft mir ordentlich Soße auf den Teller.

8 Hockey-Turnier

Es ist Sonntag und Mama und Papa wollen auf einen Markt, auf dem Leute selbst gemachte Sachen verkaufen. Gleich nach dem Frühstück wollen sie los, es ist Punkt 1 auf Mamas Liste heute. Oma fährt nicht mit. Ihre Beine sind so schwer, sie kann heute nicht gut gehen. Das passiert manchmal. Sie sagt, das liegt am Wetterwechsel. Aber manchmal wechselt das Wetter gar nicht und ihre Beine sind trotzdem schwer. Vielleicht mein nächstes Forschungsgebiet?

»Könntet ihr die Postkarte noch mitnehmen und unterwegs irgendwo einwerfen?«, fragt Oma und wedelt mit der Karte vom Luftballon vor Mamas Nase herum.

»Wo soll sie denn hin?«, möchte Mama wissen.

»Zur Glücksfee, damit wir die Reise nach Amrum gewinnen«, sagt Oma und zwinkert mir zu.

Ich zwinkere zurück. Und während Oma im Fernsehsessel verschwindet, beschließe ich, dass ich auf jeden Fall für Opa nach Amrum fahre. Selbst wenn wir nicht gewinnen. Was hat Opa dort so gemocht?

»Fährst du mit zum Markt, Baldur?« Mama reißt mich aus meinen Gedanken.

Fahre ich mit? Wenn ich mitfahre, könnte ich … Moment! Mein Gehirn macht eine Vollbremsung. Heute ist das wichtige Turnier von Yunus und seiner Mannschaft. Das kann ich doch nicht verpassen!

»Ich bleibe hier«, sage ich. »Yunus hat später ein wichtiges Turnier und wir müssen ihn und seine Mannschaft anfeuern.«

Mama guckt mich überrascht an. Genau wie gestern, als ich verkündet habe, dass ich mir von jetzt an morgens selbst aussuche, was ich anziehe. Sie ist bestimmt sehr gespannt, was dabei herauskommt (haha). Dass ich beim Turnier Ehrengast bin, behalte ich im Moment lieber für mich, das wird vielleicht zu viel. Nachdem sie ihren kurzen Schock überwunden hat, sagt Mama nur: »Schön! Habt viel Spaß und wünsch Yunus viel Glück von uns.« Sie lächelt mir zu, bevor sie und Papa ins Auto steigen und losfahren. Ich gehe wieder hoch in mein Zimmer, gieße meine Pflanzen und denke über die letzten Tage nach. Ich habe noch nicht alle Rätsel gelöst, aber klar ist jetzt schon: Ich hatte die spannendsten Ferien, seit ich denken kann. Als es unten an der Tür klingelt, macht Oma auf und ich höre Jos Stimme.

Plötzlich habe ich es eilig! Der Hockeyplatz, das Turnier, Yunus und Loretta warten.

»Jo, ich komme!«, rufe ich die Treppe runter.

Wir sagen Oma »Tschüss«, springen auf die Fahrräder, holen Loretta ab und fahren gemeinsam zum Hockeyplatz.

»Die Ehrengäste kommen!«, rufen wir unterwegs immer wieder und lachen und fragen uns: Was bedeutet das eigentlich, Ehrengast zu sein? Wir haben keine Ahnung.

Auf dem Hockeyplatz halten wir hinter der Absperrung Ausschau nach Yunus' Trainer, da kommt er schon auf uns zu und nimmt uns mit. Wir dürfen uns direkt neben den Trainer und die Auswechselspieler auf die Bank setzen!

Das Spiel geht los und Yunus und seine Mannschaft machen es spannend. Sie haben es nach deutlichen Siegen ins Finale geschafft, jetzt wird es aber knapp. Sie haben 3:2 geführt, dann konnten die Gegner ein Tor machen, es stand 3:3 – und Jo und Loretta haben es auf der Bank kaum ausgehalten vor Spannung. Okay, ich gebe zu, ich war auch etwas nervös, und weil die Spannung irgendwohin musste, sind wir alle von unseren Plätzen aufgestanden. Wir haben Yunus und seine Mannschaft so was von laut angefeuert, wir Ehrengäste haben uns richtig Mühe gegeben ... und was glaubt ihr? Es hat tatsächlich geholfen! Yunus hat das 4:3 geschossen! Aber ein paar Minuten vor Ende des Spiels fällt noch ein Tor, es steht 4:4. Ausgleich. Das gibt es nicht!

Ich trete von einem Fuß auf den anderen und vor lauter Daumendrücken sind meine Knöchel schon völlig weiß. Yunus läuft los, er schiebt den Ball über das Feld, zwei, drei gegnerische Spieler versuchen ihn zu stoppen, aber er trickst sie aus, umspielt sie, wie er es an den Hütchen trainiert hat. Er behält den Ball – und macht ein Tor!

Jo, Loretta und ich jubeln wie verrückt.

Nur Yunus' Vater schreit noch lauter als wir. Als die
Nummer 4 aus Yunus' Mannschaft auch noch ein Tor
macht, drehen alle fast durch! Yunus' Mannschaft
gewinnt das Spiel und damit den Pokal! Alle lachen
und fallen sich um den Hals, um uns herum ist ein
Riesengejubel, dazu mischt sich Musik, die jetzt aus
den Boxen auf dem Sportplatz kommt. Wir feiern den
Pokal, stoßen mit Limo auf den Sieg an und Yunus'
Vater spendiert uns allen eine Pommes vom
Vereinskiosk. »Ketchup dazu oder Mayo?«, fragt der

Verkäufer und ich entscheide mich nur für Ketchup. Irgendwann kommt der Trainer zu uns gelaufen und klatscht uns lachend ab. Er ist ganz duselig vor Freude und fragt, wann ich beim Training mitmache.

»Nach den Sommerferien!«, sage ich und wundere mich im selben Moment über mich selbst. Das kam aber schnell! Wann habe ich eigentlich ENT oder WEDER das letzte Mal gesehen? Ich habe das Gefühl, die beiden müssen sich in Zukunft mehr selbst beschäftigen.

Und Opas Brille liegt seit ein paar Tagen mit ihren gesprungenen Gläsern in meiner Schublade. Ich glaube nicht, dass ich jemals herausfinde, wie der Mechanismus funktioniert. Aber was soll ich sagen?

Wenn man Staub aufwirbelt, kommt so einiges in Bewegung. Und das ist gar nicht schlecht. Auch wenn am Ende nicht alle Geheimnisse gelüftet werden.

Viten:

Christine Werner lebt in Köln und arbeitet
dort als freie Journalistin und Kinderbuchautorin.
Im Rundfunk hat sie rund dreißig Jahre Erfahrung,
für ihre Arbeit bekam sie zahlreiche Preise und
Stipendien verliehen. Privat mag sie gerne die Berge,
Radtouren und Nudeln. *Hilfe, die Welt hat ein Loch!* ist
ihr viertes Kinderbuch.

Toni Hamm ist Illustratorin und lebt im bayerischen
Oberland. Sie ist Mama von zwei wilden Jungs,
einem Hund, zwei Katzen und einem Einhorn;
Naturliebhaberin und süchtig nach Hip-Hop, Earl Grey
und Comics. Tonis Arbeiten erstrecken sich über
Kinderbücher, Tierphilosophien bis hin zu
spannenden Geschichten für Erwachsene.
Sie arbeitet digital oder mit Tusche und
Aquarell und taucht dabei völlig in ihrer
Komfortzone ab.

HILFE, die Erwachsenen ticken nicht mehr richtig!

Ellis Mutter hat den Stinkepantoffel von Opa in die Brotdose gepackt und Lehrerin Frau Hoppe tanzt auf dem Schulhof um ein Lagerfeuer herum. Sogar der Mann vom Ordnungsamt reitet auf einem Besen durch die Stadt und verteilt Einhorn-Sticker statt Strafzettel. Was ist da nur los? Ob die Erwachsenen sich so seltsam verhalten, weil in Schnellbach über Nacht plötzlich alle Uhren verschwunden sind? Elli, Max und Basti sind sich jedenfalls sicher: Irgendetwas ist hier so faul wie der alte Pantoffel. Bei ihren Recherchen treffen sie auf Professor Albert Einstock, und ihnen ist sofort klar, dass der ulkige Erfinder etwas mit dem Irrsinn zu tun haben muss …

Anastasia Braun
**Voll relativ! Der Tag,
an dem die Zeit verschwand**
Originalausgabe
Mit Schwarz-Weiß-Illustrationen
von der Autorin
Gebunden, 192 Seiten
€ 12,- (D) / € 12,40 (A)
ISBN 978-3-96177-076-2

BOOKS

Leseprobe

VOLL RELATIV!
Der Tag, an dem die Zeit verschwand

Von Anastasia Braun

»Zeit ist das, was man an der Uhr abliest.«
Albert Einstein

Ein ritterlicher Schurke

Alfi, mein Goldfisch, hatte es echt gut. Er musste nie Hausaufgaben machen. Und zur Schule gehen musste er auch nicht. Nicht einmal sein Aquarium musste er aufräumen. Das machte ich immer mit Opa zusammen sauber. An manchen Tagen bewegte Alfi sich keinen Millimeter vom Fleck. Er sah dann so aus, als würde er über etwas Megawichtiges nachdenken. Bestimmt war er viel schlauer, als er immer tat.

»Maxi, vergiss nicht, den Wecker zu stellen«, rief Mama von unten. Ja, auch von dieser abscheulichen Grausamkeit blieb Alfi verschont – im Gegensatz zu uns Menschen. Wecker stellen – igitt! Bevor wir zu Bett gingen, machten wir alle das, was wir jeden Abend tun mussten. Wir taten es natürlich ungern. Nicht selten laut fluchend. Manche, wie zum Beispiel mein Papa, mussten sich nach dem Wochenende regelrecht dazu zwingen. Aber die Welt drehte sich nun mal und mit ihr all die Uhren.

Brummend und motzend stellte ich also das tickende kleine Monster scharf. Hätte ich gewusst, was mich erwartet, hätte ich mich vielleicht von dem Ding verabschiedet. Ein gezielter Wurf aus dem Fenster wäre ein kurzes, schmerzloses Lebewohl und Auf-Nimmerwiedersehen gewesen. Aber wie hätte ich denn ahnen können, dass das Unmögliche möglich werden würde.

Das ganze Durcheinander begann schließlich in tiefer Nacht, als alles ganz gewöhnlich schien. Es war weder Vollmond oder Blutmond noch Freitag, der 13. Kein Donnern und kein Blitzen, nicht einmal der Hauch eines Windleins ging durch die Baumkronen. Absolut gar nichts wies darauf hin, was am anderen Ende von Schnellbach gerade geschah. Etwas, was das Leben der Menschen völlig auf den Kopf stellen sollte.

Dass etwas nicht stimmte, bemerkte ich erst, als ich am nächsten Morgen wach wurde und mich gähnend im Bett auf den Rücken drehte. Durch das gekippte Fenster fiel Sonnenlicht. Statt Mamas drängender Rufe aus dem Badezimmer war nur das fröhliche Zwitschern der Vögel zu hören.

Eigenartig! Angenehm, doch irgendwie seltsam!

Mit einer Hand rieb ich mir das verklebte linke Auge, mit der anderen tastete ich mich aus purer Gewohnheit zum Wecker vor. Als meine Finger jedoch ins Leere griffen, setzte ich mich aufrecht hin.

Ich blinzelte.

Betrachtete meinen Nachttisch. Rieb mir diesmal beide Augen und blickte erneut auf die Stelle, wo eigentlich mein Wecker stand, sich jetzt aber nichts außer einer dicken Staubschicht befand.

Spielte mir Papa wieder einen Streich?

Ich sah mich staunend im Zimmer um. Sogar unter dem Bett schaute ich nach. Doch sonst schien alles dort zu sein, wo es hingehörte. Von allen wertvollen Dingen, die man aus meinem Zimmer hätte stehlen können (den getrockneten Nachtfalter, den Drachenzahnstein oder den Zombieknochen, der unmöglich von einem Huhn stammen konnte), war offenbar ausgerechnet der Gegenstand verschwunden, den ich am allermeisten hasste.

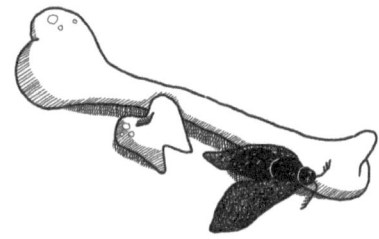

Der Tag hätte wirklich nicht besser starten können.

Summend stapfte ich ins Badezimmer. Aus dem riesigen Wäschehaufen wühlte ich mir eine Hose und mein Lieblingsshirt heraus. (Der Marmeladenfleck von gestern fiel kaum auf.) Anschließend spritzte ich mir ein wenig Wasser ins Gesicht, damit Mama annahm, ich hätte es mir gewaschen. Dann kämmte ich mir brav meine braunen, struppigen Haare hinter die Ohren.

Ein letzter Blick in den Spiegel.

Für einen Zehnjährigen gar nicht mal so übel.

Ich hüpfte gut gelaunt in mein Zimmer zurück und nahm das Aquarium mit. Irgendwie war mir nach der Weckersache nicht so wohl dabei, Alfi alleine zu lassen. Nicht dass er auch noch verschwand.

Mit Alfi im Arm spazierte ich gemütlich die Treppe hinunter, aber als ich die Küche betrat, überkam mich wieder dieses seltsame Gefühl von vorhin. Vielleicht lag es an dem leeren Ausdruck in Papas Gesicht. Oder, besser gesagt, der Art, wie er mit dem besagten Ausdruck die Wand anstarrte.

Wirklich schräg!

Auch dass Mama schweigend vor der Mikrowelle stand und sich keinen Millimeter rührte, fand ich äußerst komisch.

Hallo? Es war Montag! Der Tag nach dem Wochenende, an dem meine Eltern normalerweise in Panik ausbrachen, schreiend umherrannten, mich alle dreißig Sekunden ermahnten, ich solle mich beeilen. Meine Mama stand montags extra eine Stunde früher auf, um mir Frühstück zu machen. Für Außenstehende mag sich das ja nett anhören, doch die Wahrheit sieht anders aus. Denn besonders zum Wochenbeginn bemühte sich Mama, das Essen so gesund und damit so eklig wie nur möglich zuzubereiten. »Du brauchst die Vitamine!«, drohte sie dann immer. Vielleicht, weil ihre Nerven ab Donnerstag nur noch für ein Nutellabrot und ein Glas Leitungswasser reichten.

Also, was zum Geier war heute los? Warum herrschte auf dem Tisch diese gähnende Leere? Nicht einmal ein Krümel, der darauf hindeutete, dass die beiden schon ohne mich gegessen hatten. Das taten sie nämlich gelegentlich, wenn sie mich mit dieser fragwürdigen Methode zu erziehen versuchten. Papa hob dann immer den Zeigefinger und sagte in einem tiefen, albernen Vaterton: »Früher, als ich noch ein Kind war, musste ich auch hungrig in die Schule, wenn ich nicht rechtzeitig bei Tisch war.«

Ich bekam mein Essen natürlich trotzdem. Wir alle wussten schließlich, dass es keine richtige Bestrafung war. Vor allem, wenn Mama ihre neuen Low-Carb-Rezepte ausprobierte. Da verzichtete ich sogar freiwillig auf meine Mahlzeit.

Heute steckte aber etwas ganz anderes hinter diesem blitzblanken Tisch. Ich setzte mich und rutschte unbehaglich auf dem Stuhl hin und her. Zugegeben, die Situation verwirrte mich. Vielleicht auch deshalb, weil ich der einzige Mensch in diesem Raum war, der eine Hose anhatte.

Verkehrte Welt! Und eine echt peinliche Boxershorts, die mein Paps da trug.

Plötzlich öffnete er den Mund und begann geistesabwesend zu nuscheln: »Das ... das ... ist eine Ka ... Katastrophe.«

Ich verstand nicht, was er meinte, und hakte nach: »Eine Kakawas?«

Ohne den Blick von der gestreiften Tapete zu lösen, zeigte er mit seiner zittrigen Hand auf den krummen Nagel in der Wand. »Sie ist weg! Verschwunden! Hat sich in Luft aufgelöst.«

Ich betrachtete den Nagel, von dem eine kleine Spinne an ihrem Faden vergnügt hin und her baumelte.

Hmm. Stimmt! Mein Paps hatte recht. Gestern waren da weder der Nagel noch die Spinne gewesen. Jeder, der mich kannte,

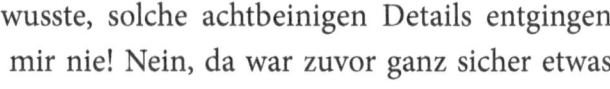

wusste, solche achtbeinigen Details entgingen mir nie! Nein, da war zuvor ganz sicher etwas anderes gewesen. Ich erinnerte mich, dass diese Stelle an der Wand mehrmals täglich die Aufmerksamkeit meiner Eltern auf sich gezogen hatte. Und meistens folgte daraufhin ein: »Jetzt beeil dich doch mal, wir kommen zu spät.« Oder: »Wenn du weiter trödelst, wird das Taschengeld gestrichen.«

Angestrengt suchte ich in meinen Erinnerungen nach weiteren Spuren, die mich bei diesem Wandrätsel weiterbrachten.

Puh … es fiel mir echt verdammt schwer, mich zu konzentrieren, weil mich die Spinne so süß anschaute. Ich musste sie unbedingt rausschaffen, bevor Mama mit ihrem Hightechsauger um die Ecke kam. Vor Killerbakterien fürchtete sich meine Mama als Ärztin nicht. Doch alle Krabbeltiere, für die man kein Mikroskop benötigt, sorgten bei ihr für Kreischalarm. Sehr ungewöhnlich, dass sie heute so gelassen blieb.

»Denk nach«, ermahnte ich mich. »Lass dich nicht von der niedlichen Spinne ablenken.«

Jetzt musterte ich aufmerksam den Kreis, der sich deutlich vom Rest der ausgebleichten Tapete absetzte.

Verflixt und zugekleistert!

Es traf mich wie ein Limonadenrülps durch die Nase.

Natürlich! Auf dem krummen Nagel hatte die Mutter aller tickenden Zeitmesser gehangen. Das Obermonster des Hauses.

Ein zufriedenes Lächeln rutschte mir über die Lippen. Es musste über Nacht ein Dieb hier gewesen sein. Und er hatte nicht nur den Wecker aus meinem Zimmer geklaut, sondern auch die Wanduhr aus der Küche.

Was für ein edler und ritterlicher Schurke! Im Kopf notierte ich mir, eine Dankesanzeige für den anonymen Helden an das *Schnellbacher Wochenblatt* zu schicken. Vielleicht hätte er ja nächste Nacht Interesse an meinem Halbjahreszeugnis, wenn ich es mit Keksen und einem Glas Milch aus Versehen auf der Fensterbank liegen ließe.

Eine große Verschwörung

Mir knurrte der Magen. Deshalb lief ich zum Kühlschrank und schnappte mir die Tupperschüssel mit dem Schokoladenpudding, der vom Nachtisch gestern übrig geblieben war.

Mama stand immer noch wie angewurzelt vor dem schwarzen Mikrowellendisplay. Ich holte mir einen Löffel und steckte ihn in die wabbelige Masse. Weil Mama das anscheinend gar nicht mitbekam, schaufelte ich mir eine ordentliche Portion in den Mund, bevor ich nuschelte: »Daf isch dä Pudding eschen?«

Ich befürchtete schon, dass sie mir gleich ihr Montags-Superfood-Frühstück um die Ohren hauen würde: Blumenkohlbrot mit Rhabarberwürfeln à la Örg-würgs.

Doch stattdessen passierte Folgendes: Mama wandte der Mikrowelle den Rücken zu, setzte sich zu meinem Paps an den Tisch und nickte schweigend.

Abgefahren! Ich war im Himmel.

Nachdem ich den Pudding leer gelöffelt hatte, gönnte ich mir einen Schokoladenriegel zum Nachtisch.

Ich setzte mich zu meinen Eltern an den Tisch und wartete.

Blickte aus dem Fenster.

Beobachtete eine Weile den mopsigen Nachbarskater auf dem Baum.

Wartete.

Gähnte.

Nahm die Spinne näher unter die Lupe.

Taufte sie auf den Namen *Fred*.

Brachte Fred nach draußen in Sicherheit.

Setzte mich zurück an den Tisch.

Wartete weiter.

Worauf eigentlich? Die ungewohnte Ruhe ödete mich allmählich an. Also fragte ich: »Müsst ihr nicht zur Arbeit oder so? Und ich in die Schule?«

Fast glaubte ich, meine Eltern hätten mich nicht gehört, doch dann drehten sich ihre Köpfe in meine Richtung. Gleichzeitig. Im Schneckentempo.

Nun starrten mich beide völlig benebelt an. Das rechte Auge meines Papas zuckte.

»Aber ... aber ... wie? Wir wissen nicht, wie ... wie ... wie spät es ist«, stotterte er und zeigte wieder mit dem Finger zur leeren Stelle an der Wand.

Unheimlich, wie hilflos meine Eltern auf einmal wirkten.

»Ihr könnt doch nicht den ganzen Tag hier sitzen bleiben. So etwas tun Eltern einfach nicht«, erklärte ich und dachte an die Patienten meiner Mama, die sicherlich schon in der Praxis auf sie warteten. Weil alle Leute in Schnellbach wussten, wo wir wohnten, scheuten sie sich bestimmt nicht davor, ihre Grippe bei uns zu Hause vorbeizubringen. Oder noch schlimmer: Sie würden ihre kranken Kinder hier absetzen, damit diese verseuchten Biester meine ganzen Spielsachen kontaminieren konnten.

Nein, danke! Das musste ich um jeden Preis verhindern. Dafür hatte dieser Tag zu schön angefangen.

Ich musste die Sache also selbst in die Hand nehmen.

Ich gab meinen Eltern einen ausgepackten Schokoriegel, den sie sich teilen sollten. Zu viel Zucker am Morgen tat Erwachsenen einfach nicht gut. Sie brauchten etwas ganz anderes. Ich kannte meine Eltern gut genug, um zu wissen, dass sie ohne Kaffee niemals (wirklich NIEMALS!) das Haus verließen. Was auch immer in dieser braunen, eklig riechenden Brühe drin war, es machte andere Menschen aus ihnen. Wären da nur nicht die vielen Knöpfe und Schalter an der Kaffeemaschine. Ich drückte alle der Reihe nach durch, bis das Ding ein summendes Geräusch von sich gab. Dann füllte ich das durchsichtige Gefäß mit Kaffeebohnen und drückte noch ein paar Knöpfe, die nun verdächtig schnell blinkten. Es krachte. Der Geruch von verbranntem Plastik stieg mir in die Nase. Ob es normal war, dass es so qualmte? Nachdem es erneut geknallt hatte, diesmal lauter, und der Rauch dichter wurde, zog ich vorsichtshalber den Stecker und entschied mich für Kaffeepulver, das seit fünf Jahren abgelaufen war. Das würden Mama und Papa ganz sicher nicht herausschmecken, wenn ich es wie Kakao mit Milch anrührte.

Ich stellte die Tassen vor meinen Eltern auf den Tisch und kramte den beiden dann etwas Ordentliches zum Anziehen aus dem Wäscheberg im Bad. Mein Paps konnte unmöglich in diesem Aufzug in die Kanzlei.

Schweigend befolgten sie meine Anweisungen. Die Art, wie sie sich bewegten, erinnerte mich an Zombies. Dass sie kein Wort sprachen, machte das Ganze nicht weniger schräg. Nachdem meine Mama ihre Brühe leer getrunken hatte, griff sie nach dem Telefon, steckte es in eine Butterbrottüte und schob es mir in den Schulranzen. Mein Papa zog währenddessen Alfi aus dem Aquarium und drückte ihm einen dicken Schmatzer auf den Mund. »Tschüss, Schatz. Bis heute Abend«, nuschelte er dem völlig verwirrten Goldfisch zu und stolperte über die Türschwelle. Mama folgte ihm nach draußen.

Puh, was war das denn?

Entweder meine Eltern waren über Nacht verrückt geworden, oder aber hier war eine große Verschwörung im Gange.

DAS musste ich sofort meinen Freunden erzählen!